# BENIH MUKTAMAD BUKU MASAK

100 Resipi Menampilkan Biji Labu, Biji Bunga Matahari, Dan Banyak Lagi

Sivarasa Ambumamee

Bahan Hak Cipta ©2024

Hak cipta terpelihara

Tiada bahagian buku ini boleh digunakan atau dihantar dalam apa jua bentuk atau dengan apa cara sekalipun tanpa kebenaran bertulis yang sewajarnya daripada penerbit dan pemilik hak cipta, kecuali petikan ringkas yang digunakan dalam semakan. Buku ini tidak boleh dianggap sebagai pengganti nasihat perubatan, undang-undang atau profesional lain.

# ISI KANDUNGAN

**ISI KANDUNGAN** .................................................................. 3
**PENGENALAN** ..................................................................... 6
**BIJI LABU** ........................................................................... 7
   1. BIJI LABU ASIA .............................................................. 8
   2. BIJI LABU BERAPI ....................................................... 10
   3. COKLAT GOJI BANANA POPS ..................................... 12
   4. ZUCCHINI DENGAN PESTO LABU ............................... 14
   5. SALAD TERUNG BAKAR ............................................. 16
   6. CAMPURAN SNEK TUAI MUSIM GUGUR ..................... 18
   7. CAMPURAN SNEK HALLOWEEN ................................ 20
   8. POPCORN BERRY TRAIL MIX ..................................... 22
   9. CAMPURAN JEJAK ASHWAGANDHA ......................... 24
   10. GULA KAYU MANIS TOSTADA SUNDAE ................... 26
   11. PARFAIT MENTAH DENGAN SUSU SPIRULINA ........ 29
   12. MUFFIN FLAKS OREN CRANBERRY .......................... 31
   13. GRANOLA SUPER CHUNKY BEREMPAH CHAI ......... 33
   14. MANGKUK KEK KEJU PAI LABU ............................... 36
   15. SARAPAN UBI DENGAN YOGURT TEH BUNGA RAYA ... 39
   16. MANGKUK SARAPAN QUINOA KELAPA .................. 42
   17. LABU LAMINGTON .................................................. 44
   18. SALAD BAYAM STRAWBERI DENGAN MARGARITA DRESSING ... 47
**BIJI BUNGA MATAHARI** ................................................... 49
   19. CAMPURAN SNEK BERKELAH MUSIM PANAS ......... 50
   20. BARBEKU MUNCH MIX ........................................... 52
   21. CAMPURAN JEJAK BUAH KERING DAN KACANG .... 54
   22. BAGEL GANDUM PENUH BIJI BUNGA MATAHARI ... 56
   23. BIT DENGAN GREMOLATA OREN ............................ 58
   24. SALAD BROKOLI MICROGREENS DENGAN AVOKADO ... 60
   25. BATANG GAJUS ASHWAGANDHA ........................... 62
   26. TART KEK KEJU AMARETTO .................................... 65
**BIJI BIJIAN** ...................................................................... 67
   27. SALAD RUMPAI LAUT PEKING ................................. 68
   28. SANDWICH EPAL DENGAN BERI GOJI ..................... 70
   29. MUFFIN MOCHI MATCHA ....................................... 72
   30. KUIH BULAN KULIT SALJI BIJAN & MACADAMIA ..... 74
**BIJI TEMBIKAI** ................................................................. 77
   31. SALAD WALNUT PEAR ............................................. 78
   32. KUIH BULAN KOPI COKLAT GELAP .......................... 80
   33. KUIH BULAN TERATAI BIRU .................................... 82
   34. KUIH BULAN KOPI PUTIH ........................................ 85
   35. KUIH BULAN KULIT SALJI KAHLUA .......................... 88
**CHIA SEEDS** .................................................................... 91

36. KUKI SPIRULINA ............................................................................... 92
37. BUTTERFLY PEA OVERNIGHT OAT ................................................. 94
38. MANGKUK SMOOTHIE MATCHA DAN BUTTERFLY PEA ............. 96
39. DONAT KACANG RAMA-RAMA KACA ........................................... 98
40. BISCOTTI CRANBERRY DAN CHIA SEED .................................... 100
41. PUDING CHIA ELDERFLOWER .................................................... 103
42. MANGKUK SMOOTHIE BUNGA ELDER ...................................... 105
43. ELDERFLOWER CHIA JAM ............................................................ 107
44. GIGITAN TENAGA BUNGA RAYA ................................................. 109
45. PUDING CHIA MASON JAR .......................................................... 111
46. MATCHA OVERNIGHT OAT .......................................................... 113
47. MATCHA AVOCADO SMOOTHIE ................................................. 115
48. BALANG PARFAIT PISTACHIO PEAR ........................................... 117

## BIJI FLAX/BIJI BIJI ......................................................................... 119
49. BEBOLA DAGING VEGAN BAKAR KETUHAR .............................. 120
50. BISKUT FIBER PUSINGAN ............................................................ 122
51. KUKI COKLAT CHIP KOTAK MAKAN TENGAHARI ..................... 124
52. KEROPOK FONIO & MORINGA .................................................... 126
53. TIADA GIGITAN TENAGA BAKAR DENGAN NUTELLA .............. 128
54. APPLE BLUEBERRY WALNUT RANGUP ...................................... 130
55. SMOOTHIE PEMBERSIH BERRY DAN CHARD ........................... 132

## BIJI KADAMOM ............................................................................... 134
56. INDIA MASALA CHAI AFFOGATO ................................................ 135
57. AISKRIM CHAI ................................................................................ 137
58. TEH DENGAN SERPIHAN RUMPAI LAUT KOMBU ..................... 140
59. KEK MENTEGA OREN-KARDAMOM DENGAN AIS MAWAR ..... 142

## BIJI HEMP ......................................................................................... 146
60. BEBOLA DAGING BIT MERAH ..................................................... 147
61. BLUEBERRY SPIRULINA OVERNIGHT OAT ................................ 149
62. MANGKUK SMOOTHIE PEACH .................................................... 151
63. KULIT COKLAT DENGAN GOJI BERRY ....................................... 153
64. TEH HIJAU & HALIA SMOOTHIE ................................................ 155

## BIJI POPI ........................................................................................... 157
65. WAFEL LEMON & POPPY-SEED ................................................... 158
66. CARBQUIK BIALYS ......................................................................... 160
67. MUFFIN LEMON CARBQUIK ........................................................ 163

## BIJI SAJI ............................................................................................ 165
68. BUREKAS ........................................................................................ 166
69. RHUBARB CHUTNEY ..................................................................... 169
70. ACAR LOBAK .................................................................................. 171
71. KARI DAL MICROGREEN MUSTARD ........................................... 173
72. PROSECCO MUSTARD .................................................................. 175
73. MILLET, BERAS, DAN DELIMA ..................................................... 177
74. CRANBERRY-FIG CHUTNEY ......................................................... 179

## BIJI FENEL ........................................................................................ 181

|     |                                                                 |     |
| --- | --------------------------------------------------------------- | --- |
| 75. | Kek Tres Leches Dengan Biji Adas                                | 182 |
| 76. | Bahu Kambing Panggang Perlahan                                  | 186 |
| 77. | Teh Chamomile Dan Adas                                          | 188 |

## BIJI CARAWAY .......................................................................190

|     |                                              |     |
| --- | -------------------------------------------- | --- |
| 78. | Pai Periuk Babi Rumah Ladang                 | 191 |
| 79. | Supergreens kelapa & Sup Spirulina           | 193 |
| 80. | Bratwurst Jerman                             | 195 |
| 81. | Caraway Masin Dan Keropok Rye                | 197 |

## BIJI NIGELLA/BIJI JINTAN HITAM ...................................199

|     |                                                              |     |
| --- | ------------------------------------------------------------ | --- |
| 82. | Tart Terung Dengan Keju Kambing                              | 200 |
| 83. | Scones Ayam                                                  | 203 |
| 84. | Campuran Rempah Tikur Azmud (Campur Jintan Hitam)            | 206 |
| 85. | Kari Ayam Matcha Hijau Dengan Limau Nipis                    | 208 |

## BIJI BETIK ............................................................................211

|     |                          |     |
| --- | ------------------------ | --- |
| 86. | Salsa Biji Betik         | 212 |
| 87. | Smoothie Biji Betik      | 214 |
| 88. | Pembalut Biji Betik      | 216 |

## BIJI CAMPURAN ...................................................................218

|      |                                        |     |
| ---- | -------------------------------------- | --- |
| 89.  | Thandai Tres Leches                    | 219 |
| 90.  | Acar Lobak                             | 222 |
| 91.  | Kari Labu Dengan Biji Pedas            | 224 |
| 92.  | Salad Kubis Dan Delima                 | 226 |
| 93.  | Salad Lobak Merah Dan Delima           | 228 |
| 94.  | Rempah Teh Masala                      | 230 |
| 95.  | Chickpeas Cili Berempah                | 232 |
| 96.  | Keropok Kranberi Dan Kacang            | 234 |
| 97.  | Godiva Dan Kulit Coklat Badam          | 237 |
| 98.  | Mangkuk Goji Skuasy                    | 239 |
| 99.  | Mangkuk Yogurt Superfood               | 241 |
| 100. | Mangkuk Betik Kiwi                     | 243 |

## PENUTUP .............................................................................245

# PENGENALAN

Selamat datang ke "BENIH MUKTAMAD BUKU MASAK," pengembaraan masakan yang meraikan kepelbagaian dan kepelbagaian benih. Daripada biji labu kepada biji bunga matahari dan seterusnya, biji benih bukan sahaja kuasa besar yang berkhasiat tetapi juga menambah rasa, tekstur dan rangup yang menarik kepada pelbagai hidangan. Dalam buku masakan ini, kami mempersembahkan kepada anda 100 resipi yang mempamerkan potensi benih yang luar biasa, menawarkan cara kreatif dan lazat untuk memasukkannya ke dalam masakan anda.

Benih adalah lebih daripada sekadar makanan ringan—ia adalah harta karun masakan yang menunggu untuk ditemui. Sama ada anda menyiramnya pada salad untuk kerangup tambahan, menggunakannya sebagai salutan untuk daging dan makanan laut, atau memasukkannya ke dalam makanan bakar dan pencuci mulut, biji benih membawa unsur unik dan memuaskan untuk setiap resipi. Dalam koleksi ini, kami akan menunjukkan kepada anda cara memanfaatkan kebaikan biji benih untuk mencipta hidangan yang berkhasiat dan lazat.

Tetapi "Buku Masakan Benih Terbaik" adalah lebih daripada sekadar koleksi resipi—ia adalah perayaan kepelbagaian luar biasa dan banyaknya benih yang terdapat di alam semula jadi. Semasa anda meneroka halaman buku masakan ini, anda akan menemui manfaat kesihatan dan kemungkinan masakan biji labu, biji bunga matahari, bijan, biji chia dan banyak lagi. Sama ada anda seorang tukang masak yang mementingkan kesihatan atau penggemar masakan, terdapat sesuatu dalam buku masakan ini untuk memberi inspirasi dan merangsang selera anda.

Jadi, sama ada anda ingin menambah rangsangan berkhasiat pada makanan anda atau hanya meneroka rasa dan tekstur baharu, biarkan "Buku Masakan Benih Terunggul" menjadi panduan anda. Daripada masam kepada manis, ringkas kepada canggih, terdapat resipi benih dalam koleksi ini untuk setiap selera dan majlis. Bersedia untuk memulakan perjalanan yang lazat melalui dunia benih yang indah.

# BIJI LABU

# 1.Benih Pumpkin Asia

**BAHAN-BAHAN:**
- 2 cawan biji labu mentah yang dikupas
- 2 sudu besar kicap
- 1 sudu teh serbuk halia
- 2 sudu teh Splenda

**ARAHAN:**
a) Panaskan ketuhar hingga 350°F.
b) Dalam mangkuk adunan, satukan biji labu, kicap, halia dan Splenda, gaul rata.
c) Sebarkan biji labu dalam kuali pembakar cetek dan panggang selama kira-kira 45 minit atau sehingga benih kering, kacau dua atau tiga kali semasa memanggang.
d) Setiap satu dengan 13 gram karbohidrat dan 3 gram serat, untuk sejumlah 10 gram karbohidrat yang boleh digunakan dan 17 gram protein.

## 2.Biji Labu Berapi

**BAHAN-BAHAN:**
- 1 sudu teh paprika manis
- ½ sudu teh jintan halus
- 1/4 cawan minyak zaitun
- 1 sudu teh sos Tabasco
- 2 cawan biji labu bercengkerang
- garam

**ARAHAN:**

a) Panaskan ketuhar hingga 400°F. Dalam mangkuk kecil, satukan paprika dan jintan manis. Pukul minyak dan Tabasco. Masukkan biji labu dan toskan hingga berbalut.

b) Sapukan biji di atas loyang dan bakar sehingga naik bau, kira-kira 5 minit. Keluarkan dari ketuhar, taburkan garam secukup rasa, dan sejukkan sepenuhnya sebelum dihidangkan.

c) Ini paling baik dimakan pada hari ia dibuat tetapi, setelah disejukkan, ia boleh ditutup dan disimpan pada suhu bilik selama 2 hingga 3 hari.

## 3.Coklat Goji Banana Pops

**BAHAN-BAHAN:**
- 4 biji pisang bersaiz sederhana dikupas dan dipotong separuh bersilang
- Batang es loli
- 1 ½ cawan cip/butang coklat gelap
- ¼ sudu teh minyak kelapa

**TOPPING**
- Muesli bakar & biji labu
- Goji Berries & aprikot kering dipotong dadu
- Bekukan Aril Delima Kering & kerepek kelapa
- Kacang pistachio cincang & badam cincang
- Badam cincang & kelapa parut
- Sedutan quinoa

**ARAHAN:**
a) Masukkan cip coklat/butang dengan minyak kelapa ke dalam mangkuk selamat gelombang mikro dan panaskan sekurang-kurangnya selang 15 saat pada kuasa sederhana- kacau antara setiap satu sehingga cair.
b) Gunakan mug bermulut lebar supaya coklat cair dapat menutupi sekurang-kurangnya ¾ panjang pisang apabila ia dicelup ke dalam coklat.
c) Sapukan setiap topping di atas dulang leper dan canai pisang bersalut coklat dalam topping pilihan. Letakkan di atas dulang kecil yang berasingan dengan kertas lilin.
d) Ulangi proses untuk topping yang lain kemudian masukkan ke dalam peti sejuk selama sekurang-kurangnya 30 minit atau sehingga salutan mengeras. Hidangkan sejuk.

## 4.Zucchini Dengan Pesto Labu

**BAHAN-BAHAN:**
**PESTO LABU:**
- ½ cawan biji labu
- ⅜ cawan minyak zaitun
- 1 sudu besar jus lemon
- 1 secubit garam
- 1 tandan selasih

**TOPPING:**
- 7 biji zaitun hitam
- 5 biji tomato ceri

**ARAHAN:**

a) Dalam pemproses makanan, masukkan biji labu ke dalam tepung halus. Masukkan minyak zaitun, lemon, dan garam, dan gaul sehingga sebati. Berhenti sekali-sekala untuk mengikis bahagian tepi. Masukkan daun selasih.

b) Perasakan dengan lebih banyak minyak zaitun, garam, dan lemon. Simpan pesto dalam balang tertutup. Ia akan bertahan selama kira-kira seminggu di dalam peti sejuk.

c) Kupas bahagian luar zucchini hijau dengan pengupas kentang. Teruskan mengupas hingga ke inti.

d) Kacau zucchini dan pesto bersama-sama dan atas dengan buah zaitun dan tomato ceri.

# 5. Salad Terung Bakar

**BAHAN-BAHAN:**
- 175g labu
- 1 biji terung kecil, potong dadu
- 1 biji bawang merah, dihiris
- 1 lada merah, dihiris
- Segenggam bayam daun bayi
- 1 sudu besar biji labu
- 1 sudu kecil Madu
- 1 sudu teh cuka balsamic

**ARAHAN:**
a) Panaskan ketuhar Kayu . Pada papan pembakar batu di dalam, sasarkan pada suhu 952°F (500°C).
b) Tambah minyak zaitun ke dalam Kuali Besi Tuang anda.
c) Keluarkan kuali dari api setelah minyak panas dan masukkan terung, bawang, lada merah dan labu.
d) Kembalikan kuali ke dalam ketuhar selama 3-5 minit, atau sehingga sayur-sayuran lembut dan sedikit keperangan.
e) Keluarkan kuali dari api dan taburkan cuka balsamic dan madu ke atasnya.
f) Teratas dengan taburan biji labu dan hidangkan bersama hidangan bayam daun bayi.

# 6. Campuran Snek Tuai Musim Gugur

**BAHAN-BAHAN:**
- 6 cawan popcorn meletus
- 1 cawan cranberry kering
- 1 cawan biji labu panggang
- 1 cawan gula-gula jagung
- ½ cawan kacang tanah panggang madu

**ARAHAN:**
a) Dalam mangkuk besar, campurkan semua bahan sehingga sebati.
b) Hidangkan segera atau simpan dalam bekas kedap udara.

# 7. Campuran Snek Halloween

**BAHAN-BAHAN:**
- 6 cawan popcorn meletus
- 1 cawan gula-gula jagung
- 1 cawan pretzel bersalut coklat
- 1 cawan Kepingan Reese mini
- ½ cawan biji labu

**ARAHAN:**
a) Dalam mangkuk besar, campurkan semua bahan sehingga sebati.
b) Hidangkan segera atau simpan dalam bekas kedap udara.

# 8. Popcorn Berry Trail Mix

**BAHAN-BAHAN:**
- 1 cawan popcorn
- ¼ cawan kacang tanah panggang
- ¼ cawan badam panggang
- ¼ cawan biji labu
- ¼ cawan beri biru kering, tanpa gula tambahan
- 2 sudu besar cip coklat gelap (pilihan)
- secubit kayu manis (pilihan)
- secubit garam

**ARAHAN:**
a) Gaulkan semua bahan, laraskan kayu manis dan garam secukup rasa jika mahu.
b) Simpan dalam bekas kedap udara.
c) Tahan sehingga 2 minggu dalam pantri.

# 9. Campuran Jejak Ashwagandha

**BAHAN-BAHAN:**
- 1 sudu besar minyak kelapa
- 1 sudu kecil serbuk jintan manis
- 1 sudu kecil serbuk buah pelaga
- 1 cawan kismis emas
- 1 cawan biji labu
- 1 sudu besar bijan
- 1 sudu teh serbuk ashwagandha

**ARAHAN:**

a) Dalam kuali kecil, panaskan minyak kelapa di atas api yang sederhana tinggi. Selepas minyak cair, masukkan jintan manis dan buah pelaga. Panaskan minyak dan rempah selama 1 minit atau sehingga menjadi aromatik. Masukkan kismis, biji labu, dan bijan ke dalam kuali dan kacau hingga rata dengan minyak dan herba.

b) Kacau sekali-sekala selama 3–5 minit atau sehingga biji mula menjadi perang, kemudian keluarkan dari api dan kacau dalam ashwagandha.

c) Pindahkan ke kertas parchment dan ratakan hingga sejuk. Makan semasa masih hangat untuk kesan pembumian tambahan.

## 10.Kayu Manis Gula Tostada Sundae

**BAHAN-BAHAN:**
**UNTUK TOPPING CRUNCH NUTTY PEDAS:**
- ½ cawan gula pasir
- ½ sudu teh garam halal
- 1 sudu kecil serbuk cili
- ½ sudu teh lada cayenne
- ½ sudu teh kayu manis
- 1 biji putih telur
- 1 cawan badam mentah
- 1 cawan pepitas mentah (biji labu)

**UNTUK TOSTADAS:**
- 5 sudu besar gula pasir
- 2 sudu teh kayu manis
- Minyak sayuran untuk menggoreng
- 4 tepung atau tortilla jagung (kami menggunakan Mi Rancho)

**UNTUK AHAD:**
- Aiskrim vanilla
- Dulce de leche atau coklat fudge
- Krim putar
- Ceri Maraschino

**ARAHAN:**
**UNTUK CRUNCH NUTTY PEDAS:**
a) Panaskan ketuhar hingga 300 darjah F.
b) Dalam mangkuk kecil, campurkan gula, garam, serbuk cili, lada cayenne, dan kayu manis.
c) Dalam mangkuk sederhana, pukul putih telur sehingga ia menjadi berbuih, kemudian perlahan-lahan masukkan badam dan pepitas untuk menyalutinya.
d) Taburkan campuran rempah di atas kacang dan toskan hingga rata.
e) Pindahkan kacang bersalut ke dalam lembaran pembakar yang dialas dengan kertas parchment, menyebarkannya ke dalam satu lapisan.
f) Bakar kacang sehingga ia berwarna perang, toskan mereka separuh, yang sepatutnya mengambil masa kira-kira 40 hingga 50 minit.
g) Biarkan kacang sejuk sepenuhnya, kemudian cincang kasar ⅓ cawan kacang dan ketepikan. Anda akan mempunyai kacang berempah tambahan, yang boleh anda simpan dalam bekas kedap udara sebagai snek untuk kemudian hari.

**UNTUK TOSTADAS:**

h) Satukan gula pasir dan kayu manis dalam mangkuk yang lebar dan cetek.
i) Tambahkan minyak sayuran yang cukup ke dalam kuali berdasar berat (seperti besi tuang) untuk mengisi satu pertiga daripada bahagian tepi.
j) Panaskan minyak di atas api sederhana sehingga ia berkilauan dan mula menggelegak.
k) Berhati-hati meletakkan satu tortilla pada satu masa ke dalam minyak panas dan goreng setiap sisi selama 50 hingga 70 saat atau sehingga ia berwarna perang keemasan dan rangup di kedua-dua belah.
l) Pindahkan setiap tostada ke campuran gula kayu manis dan salutkan sepenuhnya. Letakkan tostadas bersalut gula kayu manis di atas pinggan hidangan dan ulangi dengan tortilla yang tinggal.

**UNTUK MENGHIMPUNKAN AHAD:**
m) Hiaskan tostada bersalut gula kayu manis dengan satu sudu ais krim vanila.
n) Siramkan pada dulce de leche atau coklat fudge.
o) Selesai dengan menambah segelintir rangup kacang pedas yang dicincang dan sebarang topping lain yang anda inginkan.

# 11. Parfait Mentah Dengan Susu Spirulina

**BAHAN-BAHAN:**
**KERING**
- ½ cawan oat
- 1 sudu besar epal, kering
- 1 sudu besar badam, diaktifkan
- 1 sudu besar biji koko manis
- 1 sudu besar aprikot, kering, dicincang halus
- ½ sudu teh serbuk vanila
- 1 sudu besar serbuk maca

**CECAIR**
- 1 cawan, susu gajus
- 1 sudu besar serbuk spirulina
- 2 sudu besar biji labu, dikisar

**ARAHAN:**
a) Dalam balang mason masukkan dan lapiskan oat, epal, badam, dan aprikot dan atasnya dengan biji koko.
b) Kemudian masukkan susu gajus, spirulina, dan biji labu ke dalam pengisar dan nadi tinggi selama satu minit.
c) Tuangkan susu siap ke atas bahan kering dan nikmati.

# 12. Muffin Flaks Oren Cranberry

**BAHAN-BAHAN:**
- 2 cawan Carbquik
- 2 sudu Coklat Pereka Protein (pilihan)
- 1 cawan makanan rami
- 1 cawan pemanis tahan haba (cth, ⅔ cawan Splenda, ⅓ cawan xylitol, 1 paket Stevia Plus)
- 1 paket Jello oren tanpa gula
- 2 sudu teh serbuk penaik
- ½ cawan mentega atau shortening
- 1 cawan susu
- 1 cawan sirap vanila tanpa gula
- 2 sudu teh ekstrak vanila
- 4 biji telur
- 1 cawan biji labu
- ½ pakej cranberry

**ARAHAN:**
a) Panaskan ketuhar anda kepada 350 darjah Fahrenheit (175 darjah Celsius).
b) Sembur 24 tin muffin dengan semburan masak tidak melekat berperisa mentega.
c) Dalam mangkuk adunan, satukan Carbquik, Chocolate Designer Protein (jika menggunakan), tepung rami, pemanis tahan haba (Splenda, xylitol, Stevia Plus), Jello tanpa gula oren dan serbuk penaik. Campurkan mereka.
d) Masukkan mentega atau shortening dan gaul sehingga adunan sedikit lembap.
e) Masukkan susu, sirap tanpa gula, ekstrak vanila, dan telur. Gaul hingga sebati.
f) Masukkan biji labu dan cranberi perlahan-lahan.
g) Sudukan adunan ke dalam tin muffin yang telah disediakan, bahagikan kepada 24 cawan.
h) Bakar dalam ketuhar yang telah dipanaskan selama 25-30 minit, atau sehingga mufin dibakar sepenuhnya dan pencungkil gigi yang dimasukkan ke dalam bahagian tengah keluar bersih.
i) Setelah selesai, keluarkan muffin dari ketuhar dan biarkan ia sejuk di dalam tin muffin selama beberapa minit.
j) Pindahkan muffin ke rak dawai untuk menyejukkan sepenuhnya.
k) Nikmati Carbquik Cranberry Orange Flax Muffins buatan sendiri anda!

# 13. Granola Super Chunky Berempah Chai

**BAHAN-BAHAN:**
- ¼ cawan mentega badam (atau mana-mana mentega kacang/biji pilihan anda)
- ¼ cawan sirap maple
- 2 sudu teh ekstrak vanila
- 5 sudu teh kayu manis tanah
- 2-3 sudu teh halia kisar
- 1 sudu teh buah pelaga yang dikisar
- 1 ½ cawan oat gulung (pastikan bebas gluten jika perlu)
- ½ cawan walnut atau pecan, dicincang kasar
- ¾ cawan serpihan kelapa tanpa gula
- ¼ cawan biji labu mentah (pepitas)

**ARAHAN:**

a) Panaskan ketuhar anda kepada 325 darjah F (160°C) dan lapik lembaran pembakar bersaiz standard dengan kertas minyak.

b) Dalam mangkuk adunan sederhana, satukan mentega badam, sirap maple, ekstrak vanila, kayu manis yang dikisar, halia yang dikisar dan buah pelaga. Pukul sehingga adunan sebati.

c) Masukkan oat gulung, walnut cincang atau pecan, kepingan kelapa tanpa gula dan biji labu mentah ke dalam mangkuk dengan campuran mentega badam. Gaul sebati untuk memastikan semua bahan kering disalut sama rata.

d) Pindahkan campuran granola ke lembaran penaik yang disediakan, sebarkan ke dalam lapisan yang sekata. Jika anda membuat kumpulan yang lebih besar, gunakan lembaran pembakar tambahan seperti yang diperlukan.

e) Bakar dalam ketuhar yang telah dipanaskan selama 20-25 minit. Berwaspada pada akhir untuk mengelakkan pembakaran. Granola siap apabila ia menjadi wangi dan berwarna gelap.

f) Nota: Jika anda lebih suka granola yang lebih chunky, elakkan daripada melemparkannya semasa membakar. Untuk tekstur yang lebih rapuh, kacau atau toskan granola sedikit pada bahagian tengah untuk memecahkan sebarang gumpalan.

g) Setelah granola kelihatan keperangan dan wangi, keluarkan dari ketuhar. Toskan granola perlahan-lahan untuk membolehkan haba berlebihan keluar. Benarkan ia sejuk sepenuhnya pada lembaran pembakar atau dalam mangkuk selamat haba.

h) Simpan granola super chunky berempah chai anda dalam bekas bertutup pada suhu bilik sehingga 1 bulan, atau dalam peti sejuk sehingga 3 bulan.

i) Nikmati granola dengan sendirinya, dengan susu, yogurt atau taburkan di atas oatmeal untuk sarapan pagi atau snek yang lazat!

## 14. Mangkuk Kek Keju Pai Labu

**BAHAN-BAHAN:**
- 4 auns krim keju, dilembutkan
- 1 cawan yogurt Greek kosong, ditambah lagi untuk topping
- 1 cawan puri labu
- ¼ cawan sirap maple
- 1 sudu teh ekstrak vanila
- 2 sudu teh kayu manis tanah
- 1 sudu teh halia kisar
- ½ sudu teh pala tanah
- garam laut halus
- 1 cawan granola
- Biji labu bakar
- pecan cincang
- Aril buah delima
- Biji koko

**ARAHAN:**

a) Masukkan keju krim, yogurt, puri labu, sirap maple, vanila, rempah, dan secubit garam ke dalam mangkuk pemproses makanan atau pengisar, dan proses sehingga licin dan berkrim. Pindahkan ke dalam mangkuk, tutup, dan sejukkan di dalam peti sejuk selama sekurang-kurangnya 4 jam.

b) Untuk menghidangkan, bahagikan granola antara mangkuk pencuci mulut. Teratas dengan campuran labu, sedikit yogurt Yunani, biji labu, pecan, aril delima dan biji koko.

c) Masukkan farro, 1¼ cawan (295 ml) air, dan secubit garam ke dalam periuk sederhana. Didihkan, kemudian kecilkan api, tutup, dan reneh sehingga farro lembut dengan kunyah sedikit, kira-kira 30 minit.

d) Satukan gula, baki 3 sudu besar (45 ml) air, kacang vanila dan biji, dan halia dalam periuk kecil di atas api yang sederhana tinggi. Didihkan, pukul sehingga gula larut. Keluarkan dari api dan curam selama 20 minit. Sementara itu, sediakan buah.

e) Potong hujung limau gedang. Letakkan pada permukaan kerja yang rata, potong ke bawah. Gunakan pisau tajam untuk memotong kulit dan empulur putih, mengikut lengkungan buah, dari atas ke bawah. Potong antara selaput untuk mengeluarkan bahagian buah. Ulangi proses yang sama untuk mengupas dan membahagikan oren darah.

f) Keluarkan dan buang halia dan kacang vanila dari sirap. Untuk menghidang, bahagikan farro antara mangkuk.

g) Susun buah-buahan di sekeliling bahagian atas mangkuk, taburkan aril delima, dan kemudian gerimis dengan sirap halia-vanila.

# 15. Sarapan Ubi Keledek Dengan Yogurt Teh Bunga Raya

**BAHAN-BAHAN:**
- 2 keledek ungu

**UNTUK GRANOLA:**
- 2 ½ cawan oat
- 2 sudu teh kunyit kering
- 1 sudu teh kayu manis
- 1 Sudu besar perahan sitrus
- ¼ cawan madu
- ¼ cawan minyak bunga matahari
- ½ cawan biji labu
- secubit garam

**UNTUK YOGURT:**
- 1 cawan yogurt Yunani biasa
- 1 sudu teh sirap maple
- 1 uncang teh bunga raya
- bunga yang boleh dimakan, untuk hiasan

**ARAHAN:**
a) Panaskan ketuhar hingga 425 darjah dan cucuk kentang seluruhnya dengan garpu.
b) Balut kentang dalam kerajang timah dan bakar selama 45 minit hingga satu jam.
c) Keluarkan dari ketuhar dan biarkan sejuk.

**UNTUK GRANOLA:**
d) Turunkan api ketuhar kepada 250 darjah dan alaskan loyang dengan kertas parchment.
e) Satukan semua bahan granola dalam mangkuk adunan dan kacau sehingga semuanya disalut dengan madu dan minyak.
f) Pindahkan ke dalam loyang yang beralas dan ratakan serata mungkin.
g) Bakar selama 45 minit, kacau setiap 15 minit, atau sehingga granola menjadi perang.
h) Keluarkan dari ketuhar dan biarkan sejuk.

**UNTUK YOGURT:**
i) Buat teh bunga raya mengikut arahan uncang teh dan ketepikan untuk menyejukkan.
j) Setelah pada suhu bilik, pukul sirap maple dan teh ke dalam yogurt sehingga anda mencapai tekstur yang licin dan berkrim dengan warna merah jambu sedikit padanya.

**UNTUK MEMASANG:**
k) Potong kentang separuh dan letakkan granola, yogurt berperisa dan bunga yang boleh dimakan untuk hiasan.

## 16. Mangkuk Sarapan Quinoa Kelapa

**BAHAN-BAHAN:**
- 1 sudu besar minyak kelapa
- 1½ cawan quinoa merah atau hitam, dibilas
- 14-auns tin santan ringan tanpa gula, ditambah lagi untuk dihidangkan
- 4 cawan air
- garam laut halus
- sudu madu, agave, atau sirap maple
- 2 sudu teh ekstrak vanila
- Yogurt kelapa
- beri biru
- beri goji
- Biji labu bakar
- Serpihan kelapa tanpa gula yang dibakar

**ARAHAN:**

a) Panaskan minyak dalam periuk dengan api sederhana. Masukkan quinoa dan roti bakar selama kira-kira 2 minit, kacau kerap. Perlahan-lahan kacau dalam tin santan, air, dan secubit garam. Kuinoa akan menggelegak dan memancut pada mulanya tetapi akan cepat mendap.

b) Biarkan mendidih, kemudian tutup, kecilkan api ke rendah, dan reneh sehingga ia mencapai konsistensi lembut dan berkrim, kira-kira 20 minit. Keluarkan dari api dan kacau dalam madu, agave, sirap maple, dan vanila.

c) Untuk menghidangkan, bahagikan quinoa antara mangkuk. Teratas dengan santan tambahan, yogurt kelapa, beri biru, beri goji, biji labu dan kepingan kelapa.

# 17.Labu Lamington

**BAHAN-BAHAN:**

**SPAN LABU:**
- 2 cawan tepung serba guna
- 2 sudu teh serbuk penaik
- 1 sudu teh kayu manis tanah
- ½ sudu teh halia kisar
- ½ sudu teh pala tanah
- ¼ sudu teh lada sulah
- ¼ sudu teh buah pelaga yang dikisar
- 1½ cawan gula pasir
- 1½ cawan puri labu dalam tin
- ½ cawan minyak sayuran rasa neutral (kanola atau bunga matahari)
- 4 biji kuning telur (suhu bilik)
- 4 biji putih telur (suhu bilik)

**PENGISIAN:**
- 1 cawan krim keju (suhu bilik)
- 2 sudu besar krim putar
- 2 sudu besar gula aising

**PELAPATAN:**
- ⅔ cawan puri labu dalam tin
- ¼ cawan krim putar
- ½ sudu teh pala tanah
- ½ sudu teh kayu manis tanah
- 1 sudu kecil garam halus
- 1½ cawan coklat couverture putih yang dicincang
- 1½ cawan biji labu yang dikisar
- ¾ cawan kelapa parut tanpa gula

**ARAHAN:**

**SPAN LABU:**
a) Panaskan ketuhar hingga 325°F dan letakkan rak di tengah. Alas loyang kek 9" x 13" dengan kertas parchment di bahagian bawah dan tepi.
b) Ayak bersama tepung, serbuk penaik, dan rempah ke dalam mangkuk sederhana.
c) Dalam mangkuk adunan lain, pukul bersama gula, puri labu, minyak, dan kuning telur. Masukkan bancuhan tepung yang telah diayak dengan spatula sehingga sebati. Elakkan mencampurkan secara berlebihan.

d) Dalam mangkuk bersih pengadun berdiri, atau menggunakan pengadun elektrik pegang tangan, pukul putih telur pada kelajuan tinggi sehingga puncak lembut terbentuk, kira-kira 4-5 minit.
e) Masukkan perlahan-lahan satu pertiga daripada putih telur yang disebat ke dalam adunan tepung basah sehingga sebati. Kemudian, masukkan sedikit meringue yang tinggal.
f) Tuangkan adunan ke dalam loyang yang disediakan dan bakar selama 30-40 minit, putar loyang separuh jalan. Kek selesai apabila penguji kek yang dimasukkan ke tengah keluar bersih. Biarkan ia sejuk sebelum diisi.

**PENGISIAN:**
g) Campurkan semua bahan inti dengan tangan dalam mangkuk sederhana sehingga sebati.

**PELAPATAN:**
h) Dalam periuk kecil, satukan puri labu, krim, rempah, dan garam. Masak dengan api sederhana, kacau sentiasa sehingga mendidih.
i) Letakkan coklat putih dalam mangkuk tahan panas. Tuang campuran labu panas ke atas coklat. Biarkan selama 1-2 minit, kemudian kacau sehingga ganache sebati.
j) Dalam mangkuk yang berasingan, satukan biji labu yang dikisar dan kelapa parut.

**PERHIMPUNAN:**
k) Potong kek yang telah sejuk separuh mendatar. Ratakan inti krim keju pada satu bahagian dan letakkan separuh lagi di atas untuk membentuk sandwic. Bekukan kek selama kira-kira 20 minit untuk mengeras.
l) Setelah padat, potong tepi jika perlu dan potong kek menjadi segi empat sama 1.5".
m) Sapu ganache hangat pada setiap segi empat sama kek, kemudian salutkan ke dalam campuran biji labu dan kelapa.
n) Simpan kek yang dipasang di dalam peti sejuk sehingga 2 hari atau beku sehingga seminggu. Nikmati Lamington Labu anda!

# 18. Bayam Strawberi Dengan Margarita Dressing

**BAHAN-BAHAN:**
**UNTUK BERPAKAIAN:**
- 3 Sudu Besar Jus Limau
- 1- ½ Sudu Besar Agave Nectar
- ½-1 Sudu Besar Tequila
- ¼ Cawan Minyak Zaitun Extra Virgin
- Secubit Garam Laut

**UNTUK SALAD:**
- 4-6 Timbunan Bayi Bayam
- 1 Cawan Strawberi Dipotong dadu
- 1 Cawan Mangga Dipotong dadu
- 1 buah alpukat, potong dadu
- ¼ Bawang Merah, Dihiris
- 3-4 Sudu Besar Biji Labu Panggang

**ARAHAN:**
**UNTUK BERPAKAIAN:**
a) Dalam balang mason masukkan bahan pembalut. Tutup penutup dengan ketat dan goncang dengan baik. Rasa dan sesuaikan perasa ikut citarasa. Tambah lebih banyak jus limau atau agave jika perlu.

**UNTUK SALAD:**
b) Dalam mangkuk atau pinggan hidangan letakkan bayi bayam. Hiaskan bayam dengan strawberi, mangga, alpukat, bawang merah dan biji labu yang dipotong dadu.
c) Hidangkan segera dengan sos.

# BIJI BUNGA MATAHARI

# 19. Campuran Snek Berkelah Musim Panas

**BAHAN-BAHAN:**
- 6 cawan popcorn meletus
- 1 cawan ceri kering
- 1 cawan pretzel bersalut coklat putih
- 1 cawan biji bunga matahari
- ½ cawan kepingan keropok graham

**ARAHAN:**
a) Dalam mangkuk besar, campurkan semua bahan sehingga sebati.
b) Hidangkan segera atau simpan dalam bekas kedap udara.

## 20.Campuran Munch Barbeku

**BAHAN-BAHAN:**
- ½ cawan biji jagung
- 1 cawan Cheerios
- 1 cawan Gandum Cincang saiz sudu
- 1 cawan Corn Chex atau dedak jagung
- 1 cawan Pretzel
- ½ cawan kacang tanah panggang kering
- ½ cawan biji bunga matahari
- 1 sudu besar mentega atau marjerin
- 1 sudu kecil cili kisar
- 1 sudu kecil Paprika
- 1 sudu teh oregano kisar
- 1 cawan batang bijan
- 1 sudu besar sos Worcestershire
- 1 sudu teh sos Tabasco

**ARAHAN:**
a) Panaskan gril hingga 350 darjah.
b) Dalam mangkuk adunan yang besar, satukan bijirin, pretzel, badam dan biji.
c) Dalam hidangan kecil, satukan mentega, Worcestershire, serbuk cili, oregano, paprika dan Tabasco.
d) Kacau sos ke dalam campuran bijirin dengan teliti.
e) Sapukan pada kuali griddle dan masak selama 15 minit, kacau dua kali. Biarkan sejuk.
f) Satukan dengan biji jagung dan batang bijan dan hidangkan.

## 21.Campuran Jejak Buah Kering Dan Kacang

**BAHAN-BAHAN:**
- ½ cawan kelapa parut tanpa gula
- ½ cawan gajus panggang tanpa garam
- ½ cawan badam yang telah dicelur
- ½ cawan cip coklat separuh manis vegan
- ½ cawan cranberi kering manis
- 1/3 cawan nenas kering dicincang
- 1/4 cawan biji bunga matahari panggang tanpa garam

**ARAHAN:**
a) Dalam kuali kecil, bakar kelapa di atas api sederhana, kacau, sehingga perang sedikit, 2 hingga 3 minit. Ketepikan untuk sejuk.
b) Dalam mangkuk besar, satukan gajus, badam, cip coklat, kranberi, nanas dan biji bunga matahari. Masukkan kelapa bakar.
c) Sejukkan sepenuhnya sebelum dihidangkan. Ini paling baik apabila dihidangkan pada hari yang sama ia dibuat.

## 22.Bagel Gandum Penuh Biji Bunga Matahari

**BAHAN-BAHAN:**
- 3 cawan tepung gandum
- 1 sudu besar yis kering aktif
- 2 sudu besar madu
- 1 sudu teh garam
- 1 ¼ cawan air suam
- ½ cawan biji bunga matahari

**ARAHAN:**

a) Dalam mangkuk adunan yang besar, satukan tepung, yis, madu, garam dan biji bunga matahari.

b) Perlahan-lahan masukkan air suam ke dalam bahan kering dan gaul sehingga menjadi doh.

c) Uli doh selama 10 minit sehingga menjadi licin dan anjal.

d) Bahagikan doh kepada 8 bahagian yang sama dan bentuk setiap bahagian menjadi bebola.

e) Tutup bebola doh dengan kain lembap dan biarkan selama 10 minit.

f) Panaskan ketuhar hingga 425°F (218°C).

g) Didihkan periuk air dan kecilkan api hingga mendidih.

h) Gunakan jari anda untuk mencucuk lubang di tengah setiap bola doh dan regangkan doh untuk membentuk bentuk bagel.

i) Rebus bagel selama 1-2 minit pada setiap sisi.

j) Letakkan bagel pada lembaran pembakar yang dialas dengan kertas parchment dan bakar selama 20-25 minit atau sehingga perang keemasan.

## 23. Bit Dengan Gremolata Oren

**BAHAN-BAHAN:**
- 3 bit emas , dipotong
- 2 sudu besar jus limau nipis
- 1 sudu kecil kulit oren
- 2 sudu besar biji bunga matahari
- 1 sudu besar Pasli cincang
- 3 sudu besar keju kambing
- 1 sudu besar cincang s age
- 2 sudu besar jus oren
- 1 ulas bawang putih, dikisar

**ARAHAN:**

a) Panaskan penggoreng udara hingga 400 . Lipat kerajang tugas berat keliling bit dan letakkan di atas dulang dalam bakul penggoreng udara.

b) Masak sehingga empuk, 50 minit . P belut, belah dua dan potong bit ; letak dalam mangkuk.

c) Masukkan jus limau nipis, jus oren dan garam .

**d)** Taburkan dengan pasli, sage, bawang putih, dan kulit oren, dan t op dengan keju kambing dan biji bunga matahari.

## 24.Salad Microgreens Brokoli Dengan Avokado

**BAHAN-BAHAN:**
- 1 cawan brokoli mikrohijau
- 1 Sudu besar biji bunga matahari masin
- ¼ alpukat, dihiris
- 2 Sudu besar vinaigrette buatan sendiri
- 2 Sudu Besar Lemon Hummus
- ½ cawan kimkraut

**ARAHAN:**
a) Toskan sayur hijau mikro dengan kimkraut, hirisan alpukat dan biji bunga matahari di atas pinggan besar.
b) Toskan dengan hummus dan dressing, kemudian perasakan dengan lada yang baru retak.

## 25.Bar Gajus Ashwagandha

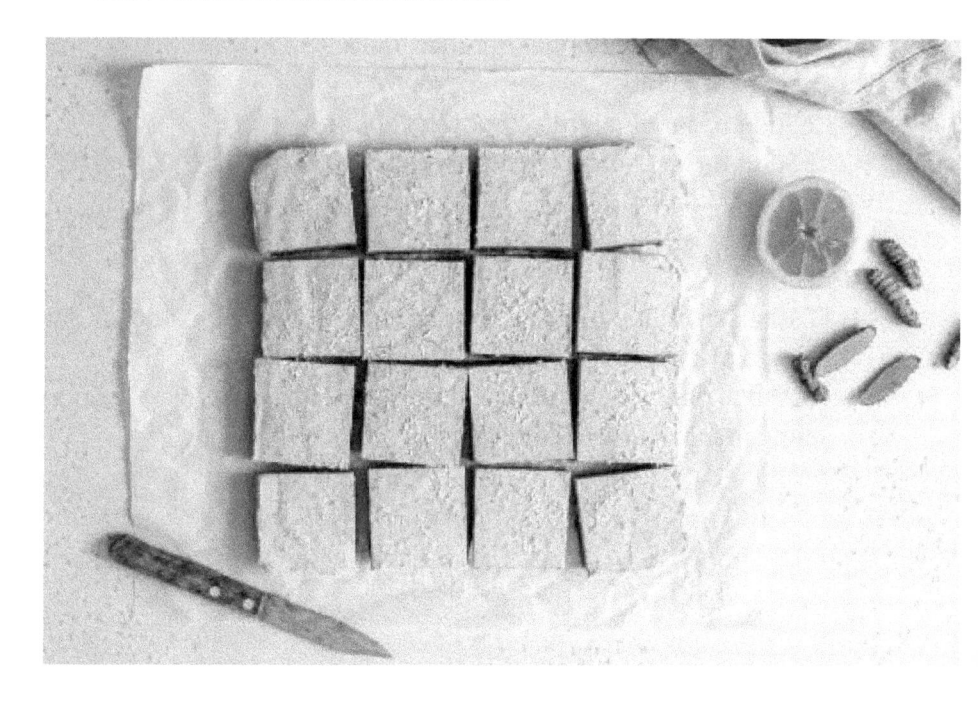

**BAHAN-BAHAN:**
**KERAK**
- ¾ cawan kelapa parut
- 1 ¾ cawan biji bunga matahari aktif, direndam
- ⅓ cawan pitted kurma Medjool
- 1 sudu teh kayu manis Ceylon
- ½ sudu teh garam laut
- 2 sudu besar minyak kelapa yang ditekan sejuk

**PENGISIAN**
- 2 cawan gajus mentah, direndam semalaman
- 1 cawan kelapa parut
- 1 cawan kefir kelapa
- ⅓ cawan sirap maple, secukup rasa
- ¼ sudu teh kacang vanila
- 2 sudu besar jus lemon segar
- 1 sudu kecil kulit lemon
- 2 sudu besar serbuk Ashwagandha
- ½ sudu teh garam laut
- ½ sudu teh serbuk kunyit
- ¼ sudu teh lada hitam
- ¼ cawan minyak kelapa

**ARAHAN:**

**KERAK**

a) Dalam periuk, cairkan semua minyak kelapa.
b) Satukan kelapa parut, biji bunga matahari, kurma Medjool, kayu manis dan garam laut dalam pemproses makanan. Pukul-pukul adunan sehingga ia membentuk hancuran halus.
c) Siram perlahan-lahan dengan 2 sudu besar minyak kelapa yang telah dipanaskan. Pukul semula bahan-bahan.
d) Tuangkan adunan kerak ke dalam loyang brownies yang beralas dan tekan ke bawah dengan kuat dan rata untuk membentuk kerak.
e) Letakkannya di dalam peti sejuk.

**PENGISIAN**

f) Dalam pemproses makanan, gabungkan gajus, kelapa parut, kefir, sirap maple, kacang vanila, jus lemon, kulit limau, serbuk Ashwagandha, laut garam, kunyit, dan lada hitam sehingga hancur halus.
g) Masukkan minyak kelapa/mentega cair perlahan-lahan.
h) Kikis isi susu keemasan di atas kerak dengan spatula dan ratakan.
i) Letakkan acuan di dalam peti sejuk semalaman untuk mengeras.
j) Keluarkan hidangan dari peti sejuk/penyejuk beku apabila sedia untuk dihidangkan.
k) Letakkan blok di atas papan pemotong besar dan cair selama 10 hingga 15 minit jika perlu.
l) Potong menjadi 16 segi empat sama rata.
m) Hidangkan segera dengan serpihan kelapa di atas!

## 26.Tart Kek Keju Amaretto

**BAHAN-BAHAN:**
- ⅓ cawan biji bunga matahari, dikisar halus
- 8 auns krim keju
- 1 biji telur
- ⅓ cawan kelapa parut tanpa gula
- 2 sudu besar Madu
- 2 sudu besar minuman keras Amaretto

**ARAHAN:**
a) Alaskan cawan dua tin muffin dengan pelapik kertas.
b) Satukan biji bunga matahari dan kelapa.
c) Letakkan 1 sudu teh campuran ini dalam setiap pelapik.
d) Tekan ke bawah dengan bahagian belakang sudu untuk menutup bahagian bawah.
e) Panaskan ketuhar kepada 325F.
f) Untuk membuat inti, potong keju krim kepada 8 blok dan gaul dengan telur, madu dan Amaretto dalam pemproses makanan, pengisar atau mangkuk sehingga licin dan berkrim.
g) Letakkan satu sudu besar inti dalam setiap cawan tartlet dan bakar selama 15 minit

# BIJAN

## 27.Salad Rumpai Laut Peking

**BAHAN-BAHAN:**
- 200 gram Rumpai Laut, rendam selama 24 jam
- ¼ Timun dibelah dua, dibiji dan dihiris
- 8 lobak merah, dihiris
- 75 gram lobak, dihiris nipis
- 1 buah Courgette kecil, dihiris nipis
- 50 gram pucuk kacang
- 20 gram halia merah jambu
- Pemilihan salad
- Bijan hitam
- 3 sudu besar jus limau nipis
- 1 sudu besar Pudina, dicincang baru
- 2 sudu besar Ketumbar, dicincang
- 1 secubit serpihan cili kering
- 2 sudu besar kicap ringan
- 2 sudu besar Gula
- 6 sudu besar Minyak sayuran
- 1 halia akar kecil, parut

**ARAHAN:**
a) Kisar semua bahan untuk dressing dan biarkan selama 20 minit kemudian tapis dan letak di sebelah.
b) Letakkan rumpai laut yang telah direndam bersama bahan-bahan lain di dalam mangkuk.
c) Tuangkan ke atas dressing yang ditapis dan biarkan selama satu jam. Masukkan daun salad ke dalam salad, sesuaikan perasa dan hidangkan.

## 28.Sandwich Epal Dengan Beri Goji

**BAHAN-BAHAN:**
**TAHINI:**
- ½ cawan biji bijan
- 1-2 sudu besar minyak pilihan anda
- 1 sudu besar kelapa kering
- 1 sudu besar minyak kelapa

**TOPPING:**
- 2 sudu besar beri goji

**ARAHAN:**
a) Lembutkan minyak kelapa.
b) Campurkan bijan dalam pengisar sehingga ia dikisar halus, tambah 1 hingga 2 sudu minyak, dan kisar lagi sehingga anda mempunyai pes yang licin.
c) Campurkan pes bijan dengan serpihan kelapa dan minyak kelapa.
d) Potong epal menjadi kepingan dan sapukan dengan tahini. Teratas dengan beri goji.

## 29.Muffin Matcha Mochi

**BAHAN-BAHAN:**
- 1 batang (½ cawan) mentega tanpa garam
- 1 ½ cawan santan penuh lemak (dari tin)
- 1 tin (1 ¼ cawan) susu pekat manis
- 3 biji telur (suhu bilik)
- 2 sudu besar serbuk teh hijau matcha
- 1 paun mochiko (tepung pulut atau tepung beras manis)
- 1 sudu besar serbuk penaik
- ½ cawan susu (suhu bilik)
- Sedikit garam
- 2 sudu besar bijan hitam

**ARAHAN:**
a) Cairkan mentega dan satukan dengan santan dan susu pekat dalam mangkuk pengadun berdiri.
b) Masukkan sebiji telur pada satu masa sambil dipukul pada kelajuan sederhana.
c) Masukkan serbuk penaik, tepung mochiko, dan matcha. Teruskan menggaul.
d) Masukkan susu dan gaul sehingga adunan licin, menyerupai adunan lempeng—tidak terlalu cair atau terlalu pekat.
e) Biarkan adunan berehat selama 20 minit.
f) Panaskan ketuhar hingga 350°F (180°C). Mentega dan tepung tin muffin dengan teliti (atau gunakan ramekin yang selamat untuk ketuhar individu) dan isi dengan adunan. Elakkan menggunakan cawan kertas muffin untuk membolehkan kerak rangup luar berkembang; mereka mungkin melekat pada muffin.
g) Taburkan adunan dengan bijan.
h) Bakar selama 45 minit hingga 1 jam sehingga kekuningan.
i) Nikmati Matcha Mochi Muffins hangat atau biarkan ia sejuk sebelum dihidangkan!

# 30.Bijan & Macadamia Kuih Bulan Kulit Salji

**BAHAN-BAHAN:**
**KULIT SALJI:**
- 40g (⅓ cawan) tepung pulut
- 40g (⅓ cawan) tepung beras
- 20g (1 ½ sudu besar) kanji jagung
- 50g (½ cawan) gula aising
- 130g (½ cawan + 2 sudu besar) susu
- 20g (1 sudu besar) susu pekat manis
- 30g (2 sudu besar) mentega tanpa garam, cair
- Secubit garam
- Pewarna makanan semulajadi untuk kulit salji: Serbuk spirulina biru, Jus bit segar, Serbuk Matcha

**TEPUNG BERAS PULUT MASAK:**
- 40g (⅓ cawan) tepung pulut

**PENGISIAN:**
- 160g (1 ⅓ cawan) biji bijan putih panggang
- 25g (2 sudu besar) gula pasir putih
- 15g (1 sudu besar) mentega tanpa garam
- 40g (2 sudu besar) madu
- Secubit garam
- 20g (2 sudu besar) tepung pulut masak
- 80g (½ cawan) kacang macadamia panggang yang dicincang

**ARAHAN:**
**KULIT SALJI:**
a) Isi periuk stim dengan air dan biarkan ia mendidih dengan api yang tinggi.
b) Dalam mangkuk, campurkan tepung pulut, tepung beras, tepung jagung, gula aising, garam, susu, mentega tanpa masin cair, dan susu pekat manis sehingga rata.
c) Lulus adunan melalui ayak dan pindahkan ke dalam mangkuk selamat wap.
d) Kukus adunan kulit salji dalam periuk yang disediakan dengan api sederhana selama 20 minit. Ketepikan untuk sejuk.

**TEPUNG BERAS PULUT MASAK:**
e) Masak tepung pulut dengan api sederhana hingga kuning sedikit. Ketepikan untuk sejuk.

**PENGISIAN:**
f) Kisar biji bijan putih panggang sehingga terbentuk pes cair.
g) Masukkan baki bahan inti (tidak termasuk kacang macadamia) dan gaul sehingga sebati.
h) Pindahkan inti ke dalam mangkuk, lipat kacang macadamia yang dicincang, dan bahagian ke dalam bebola 25g. Sejukkan dalam peti ais sekurang-kurangnya 3 jam.
i) Uli kulit salji yang telah disejukkan pada sekeping bungkus plastik sehingga licin dan seragam.
j) Bahagian dan warnakan kulit salji dengan pewarna makanan. Balut dengan ketat dan sejukkan di dalam peti sejuk selama sekurang-kurangnya 3 jam.

**PERHIMPUNAN:**
k) Kulit salji pejal digaul bersama menjadi bahagian 25g untuk membentuk bola. Taburkan dengan tepung pulut masak.
l) Balut inti dengan sekeping kulit salji yang dileperkan, tutup sepenuhnya, dan bentuk menggunakan tepung pulut yang dimasak minimum.
m) Taburkan sedikit kuih bulan yang belum ditekan dengan tepung pulut yang telah dimasak, bentukkannya dengan tapak tangan anda dan tekan dengan kuat pada cop acuan kuih bulan. Keluarkan untuk mendedahkan produk siap.
n) Sejukkan selama beberapa jam sebelum dimakan. Nikmati!

# BIJI TEMBIKAI

# 31.Salad Walnut Pear

**BAHAN-BAHAN:**
**UNTUK SALAD:**
- 3 cawan Salad Hijau (arugula, salad, dll.)
- 2 buah pir, dihiris
- 1 Bawang Merah kecil, dihiris
- 1 cawan Walnut, dicincang kasar
- ½ cawan Biji Tembikai

**UNTUK MEMBUAT SALAD:**
- 1 sudu besar Mustard Bijirin Penuh
- 3 sudu besar Minyak Zaitun
- 2 sudu besar Cuka
- 2 sudu besar Madu
- ½ sudu teh Lada Cayenne
- Garam secukup rasa

**ARAHAN:**
**SEDIAKAN PEMBUATAN SALAD:**
a) Dalam pengisar, satukan mustard bijirin penuh, minyak zaitun, cuka, madu, lada cayenne dan garam.
b) Kisar selama kira-kira seminit sehingga dressing mengemulsi dan menjadi berkrim.

**HIMPUNKAN SALAD:**
c) Dalam mangkuk besar, campurkan sayur-sayuran salad (seperti arugula atau salad), pir yang dihiris, bawang merah yang dihiris, walnut yang dicincang dan biji tembikai.
d) Tambah 3-4 sudu besar salad dressing yang disediakan ke dalam bahan salad.
e) Gaul rata sehingga semuanya bersalut rata dengan dressing.
f) Hidangkan Salad Walnut Pear dengan segera semasa ia segar dan segar.

## 32.Kuih Bulan Kopi Coklat Hitam

**BAHAN-BAHAN:**
- 113g tepung serba guna
- 18g serbuk koko gelap
- 85g sirap emas
- 25g minyak jagung
- ½ sudu teh air alkali

**PENGISIAN:**
- Pes teratai kopi
- Biji tembikai panggang (12 x 25g setiap satu)

**ARAHAN:**

**SEDIAKAN doh:**
a) Campurkan semua bahan untuk membentuk doh.
b) Rehatkan doh selama 30 minit dan bahagikan kepada 12 bahagian.

**PERHIMPUNAN:**
c) Ratakan setiap bahagian adunan.
d) Balut setiap bahagian di sekeliling inti pes teratai kopi dan biji tembikai panggang (25g setiap satu).
e) Tekan doh yang telah diisi ke dalam acuan kuih bulan dan buka acuan di atas loyang yang beralas.

**MEMBAKAR:**
f) Bakar dalam ketuhar yang telah dipanaskan pada suhu 160°C selama 10 minit.
g) Keluarkan dari ketuhar dan sejukkan selama 10 minit.
h) Masukkan semula ke dalam ketuhar dan bakar selama 10-15 minit lagi.
i) Setelah dibakar, biarkan kuih bulan sejuk sepenuhnya sebelum dihidangkan.

## 33.Kuih Bulan Teratai Biru

**BAHAN-BAHAN:**
**LOTUS MOONCAKE:**
- 100g tepung pulut
- 100g gula aising
- 2 sudu besar shortening
- 150ml teratai biru atau cecair pandan
- Tepung tambahan untuk digulung dan untuk acuan kuih bulan

**TAMPAL BIJI TERATAI:**
- 600g biji teratai dengan kulit, dicuci
- 1 sudu besar air alkali
- 390g gula
- 300g minyak kacang tanah
- 50g maltosa
- 60g biji tembikai, panggang hingga perang keemasan
- Air (cukup untuk menutup biji teratai dalam pasu)
- 60g biji tembikai

**ARAHAN:**
**UNTUK PASTE BIJI TERATAI:**

a) Didihkan air, masukkan air alkali dan biji teratai. Rebus selama 10 minit. Buang air mendidih.
b) Keluarkan kulit dari biji teratai dengan menggosoknya di bawah air yang mengalir. Buang hujung dan batang.
c) Masukkan air secukupnya hingga menutupi biji teratai dan rebus hingga empuk. Haluskan biji teratai secara berkelompok.
d) Sapu kuali dengan minyak kacang tanah di bawah api perlahan, dan tambah ¼ cawan gula. Tumis hingga gula larut dan bertukar menjadi keemasan.
e) Masukkan puree biji teratai dan baki gula. Kacau hingga hampir kering. Masukkan minyak secara beransur-ansur, kacau sehingga pes pekat.
f) Masukkan maltosa dan kacau sehingga pes meninggalkan bahagian tepi kuali. Sejukkan, kemudian masukkan biji tembikai panggang.

**UNTUK KEK BULAN:**

g) Tuangkan tepung beras ke dalam bekas logam yang besar, buat perigi, dan tambah gula aising dan pemendekan. Gosok sehingga sebati.
h) Masukkan cecair teratai biru (atau pandan). Campurkan perlahan-lahan sehingga digabungkan; jangan kerja berlebihan.
i) Ambil bola pes biji teratai, tolak lubang di tengah, dan masukkan telur masin dengan cepat. Tutup dengan pes biji teratai.
j) Gulungkan pastri kuih bulan ke dalam log dan potong menjadi kepingan yang sama. Canai setiap bahagian.
k) Letakkan bola pes biji teratai di tengah, dan putar pes teratai ke satu arah dan pastri ke arah yang lain sehingga ditutup.
l) Tepung sedikit acuan kuih bulan dan bebola kuih bulan, kemudian tekan ke dalam acuan.
m) Ketuk acuan perlahan-lahan pada permukaan yang keras sehingga kuih bulan keluar.

## 34.Kuih Bulan Kopi Putih

**BAHAN-BAHAN:**
**UNTUK KULIT:**
- 200g Tepung Protein Rendah
- 25g (1 Paket) Campuran Kopi Putih Super 3-dalam-1
- 160g Sirap Emas (70g Sirap Emas + 90g Sirap Jagung)
- 42g Minyak Canola
- 4ml Air Beralkali

**UNTUK PENGISIAN / TAMPAL:**
- 1kg Pes Teratai Kacang Hijau (dibeli di kedai)
- 3 sudu besar Biji Melon
- Kuning Telur Masin (pilihan)
- Cuci Telur (untuk salutan)

**ARAHAN:**
**SEDIAKAN doh:**
a) Satukan semua bahan (A) dan gaul hingga menjadi doh yang licin.
b) Tutup dengan cling wrap dan sejukkan dalam peti ais selama 2 hari.

**SEDIAKAN PENGISIAN / TAMPAL:**
c) Gaulkan biji tembikai dengan pes teratai (B) hingga rata.
d) Bahagikan inti kepada bahagian 75-80g dan bentukkannya menjadi bebola bulat. Mengetepikan.
e) Jika menggunakan kuning telur masin, letakkan satu di tengah setiap bahagian pes teratai.

**PERHIMPUNAN:**
f) Taburkan meja kerja dengan tepung.
g) Bahagikan doh sejuk kepada bahagian 35g dan bentukkannya menjadi bebola bulat.
h) Ratakan setiap bebola doh dan letak bahagian inti di tengah.
i) Balutkan doh di atas inti dan bentukkan menjadi bebola bulat.
j) Taburkan acuan kuih bulan persegi 6cmx6cmx3.5cmH dengan tepung dan salutkan doh yang telah dibalut dengan tepung.
k) Tekan bola dengan kuat ke dalam acuan dan ketuk/tekan perlahan-lahan ke atas dulang yang dialas dengan alas pembakar tidak melekat atau kertas kulit.

**MEMBAKAR:**
l) Semburkan sedikit air pada kuih bulan sebelum dibakar.
m) Bakar dalam ketuhar yang telah dipanaskan pada suhu 175°C selama 10 minit.
n) Keluarkan dulang pembakar dari ketuhar dan biarkan kuih bulan sejuk selama 10-15 minit.
o) Sapukan pencuci telur pada bahagian atas setiap kuih bulan.
p) Pindahkan kuih bulan kembali ke dalam ketuhar dan bakar selama 13-15 minit lagi sehingga perang keemasan.
q) Simpan kuih bulan dalam bekas kedap udara sekurang-kurangnya 2 hari untuk membenarkan (melembutkan) sebelum dihidangkan.

## 35.Kuih Bulan Kulit Salji Kahlua

**BAHAN-BAHAN:**
**UNTUK doh kulit salji:**
- 65g tepung pulut masak
- 17.5g kanji gandum (Campur dengan tepung halus dan kukus selama 3 minit. Biarkan sejuk dan ayak)
- 17.5g tepung halus
- 60g gula aising
- 25g memendekkan
- 65g air panas (larutkan butiran kopi)
- 1.5 sudu teh butiran kopi (Biarkan sejuk)
- 2 sudu teh minuman keras Kahlua

**PENGISIAN:**
- 250g pes teratai (dibeli di kedai)
- Untuk acuan 50g, doh ialah 25g
- 10g biji tembikai, dibakar sedikit, dan isinya juga 25g

**ARAHAN:**
**UNTUK doh KULIT SNOW:**
a) Campurkan tepung pulut yang telah dimasak, kanji gandum dan tepung halus.
b) Kukus adunan selama 3 minit.
c) Biarkan ia sejuk dan ayak untuk memastikan tekstur yang licin.
d) Larutkan butiran kopi dalam air panas dan biarkan ia sejuk.

**BUAT doh:**
e) Dalam mangkuk adunan, satukan adunan kukus, gula aising, pemendekan, campuran kopi yang disejukkan dan minuman keras Kahlua.
f) Gaul rata sehingga doh yang lembut dan lentur terbentuk.
g) Bahagikan doh kepada bahagian 25g.

**UNTUK PENGISIAN:**
h) Ambil 250g pes teratai yang dibeli di kedai.
i) Bahagikan pes teratai kepada bahagian 25g untuk acuan 50g.

**HIMPUNKAN BULAN:**
j) Ratakan sebahagian doh.
k) Letakkan sebahagian pes teratai (25g) di tengah.

l) Masukkan 10g biji tembikai yang telah dibakar sedikit di atas pes teratai.
m) Bungkus inti dengan doh kulit salji, pastikan ia dimeterai dengan betul.
n) Gulungkan doh yang telah dipasang menjadi bebola.
o) Ulangi proses untuk baki doh dan pengisian.
p) Letakkan kuih bulan yang dipasang di dalam peti sejuk untuk disejukkan selama sekurang-kurangnya 2 jam atau sehingga kulit salji mengeras.
q) Setelah sejuk, Kuih Bulan Kulit Salji Kahlua sedia untuk dihidangkan.

# BIJI CHIA

## 36.Kuki Spirulina

**BAHAN-BAHAN:**
- 1 sudu besar Chia Seeds
- 100 g Mentega Vegan
- 50 g Gula Putih
- 50 g Gula Perang
- 1 sudu teh Ekstrak Vanila
- 100 g Tepung tanpa gluten
- 10 g tepung jagung
- ½ sudu teh Baking Soda
- 1.5 sudu besar Serbuk Spirulina
- ¼ sudu teh Garam
- 50 g Coklat Putih atau Kacang Macadamia

**ARAHAN:**
a) Panaskan ketuhar kepada 200°C / 350°F / 160°C kipas.
b) Buat sebiji telur chia dengan menambah dua setengah sudu besar air panas ke dalam biji chia anda, gaul rata dan ketepikan.
c) Cairkan mentega anda dalam periuk atau microwave. Masukkan gula dan pukul hingga rata.
d) Masukkan telur chia dan vanila ke dalam mentega dan gula anda dan gaul rata.
e) Dalam mangkuk adunan yang besar, ayak tepung, tepung jagung, baking soda, spirulina, dan garam dan gaul sehingga sebati.
f) Tuangkan adunan basah dan gaul rata.
g) Lipat dalam kepingan coklat anda.
h) Bentukkan 8 biji bola dan letakkan di atas loyang yang telah dialas dengan kertas parchment. Biarkan sekitar 4cm antara setiap bola.
i) Bakar selama 10 hingga 12 minit sehingga tepi mula crispen.

## 37.Butterfly Pea Overnight Oat

**BAHAN-BAHAN:**
**OAT BERMALAM**
- ¼ cawan Oat
- 1 cawan Susu Pilihan
- 1 sudu besar Chia Seeds
- 1 Serbuk Protein Pilihan
- 3 sudu besar Butterfly Pea Liquid

**TEH BUNGA KACANG RAMBUT**
- 1 sudu besar Bunga Kacang Rama-rama Kering
- 6 cawan Air Panas

**ARAHAN:**
a) Mula-mula, bancuh teh kacang rama-rama anda.
b) Hanya cari jag besar, tambah bunga kacang rama-rama kering anda ke dalamnya, dan tambah air panas.
c) Biarkan teh curam selama sekurang-kurangnya sejam sebelum menggunakannya. Jangan ragu untuk menambah pemanis jika anda mahu.
d) Ambil balang mason.
e) Masukkan semua bahan anda ke dalam balang, kecuali teh kacang rama-rama, dan gaul rata.
f) Biarkan ia mengendap selama satu atau dua minit dan hanya gerimis teh ke dalam balang. Ia akan menetap di bahagian bawah, memberikan kesan berlapis.
g) Letakkan balang di dalam peti sejuk semalaman.
h) Tambah topping yang diingini dan nikmati!

## 38. Mangkuk Smoothie Matcha Dan Butterfly Pea

**BAHAN-BAHAN:**
- 1 cawan bayam
- 1 pisang beku
- ½ cawan nanas
- ½ sudu teh serbuk matcha berkualiti tinggi
- ½ sudu teh ekstrak vanila
- ⅓ cawan susu badam tanpa gula

**TOPPING**
- Pudina
- buah kiwi
- beri biru
- Biji chia
- Bunga kacang Butterfly kering

**ARAHAN:**
a) Masukkan semua bahan smoothie ke dalam pengisar.
b) Denyut sehingga licin dan berkrim.
c) Tuangkan smoothie ke dalam mangkuk.
d) Taburkan dengan topping dan makan segera.

## 39. Butterfly Pea Glazed Donat

**BAHAN-BAHAN:**
**DONUT :**
- 1 biji pisang tumbuk
- 1 cawan sos epal tanpa gula
- 1 biji telur atau 1 sudu besar chia seeds dibancuh dengan air
- 50 g minyak kelapa cair
- 4 sudu besar madu atau sirap nektar agave
- 1 sudu besar vanila
- 1 sudu teh kayu manis
- 150 g tepung soba
- 1 sudu kecil serbuk penaik

**GLAZE PEA BUTTERFLY:**
- 1/2 cawan gajus, rendam selama 4 jam
- 1 cawan susu badam
- 40 bunga teh kacang rama-rama
- 1 sudu besar sirap nektar agave
- 1 sudu besar esen vanila

**ARAHAN:**
**UNTUK MEMBUAT DONAT:**
a) Campurkan semua bahan kering.
b) Campurkan semua bahan basah.
c) Masukkan basah ke kering dan kemudian pindahkan ke acuan donut.
d) Bakar pada suhu 160 darjah selama 15 minit.

**UNTUK MEMBUAT GLAZE:**
e) Kisar gajus dalam pemproses makanan sehingga rata.
f) Dalam periuk, panaskan susu badam dan masukkan teh. Reneh dengan api perlahan selama 10 minit.
g) Masukkan susu badam biru ke dalam gajus yang telah dikisar, masukkan nektar agave dan esen vanila, dan kisar lagi sehingga sebati.
h) Simpan dalam peti sejuk sehingga donat anda masak & sejuk.
i) Hiaskan donat dengan sayu dan bunga tambahan!
j) Donat ini vegan dan gluten & bebas gula halus – jadi tidak perlu bertangguh lagi: teruskan dan makan semuanya!

## 40. Biscotti Cranberry Dan Chia Seed

**BAHAN-BAHAN:**
- 2 cawan tepung serba guna
- 1 sudu kecil serbuk penaik
- ½ sudu teh garam
- ½ cawan mentega tanpa garam, dilembutkan
- 1 cawan gula pasir
- 2 biji telur besar
- 1 sudu besar ekstrak vanila
- ¼ cawan biji chia
- ¼ cawan cranberi kering
- ¼ cawan badam cincang

**ARAHAN:**
a) Panaskan ketuhar anda hingga 350°F (175°C). Lapik loyang besar dengan kertas parchment.
b) Dalam mangkuk sederhana, pukul bersama tepung, serbuk penaik, dan garam sehingga sebati.
c) Dalam mangkuk adunan besar yang berasingan, gunakan pengadun elektrik untuk krim mentega dan gula sehingga ringan dan gebu, kira-kira 2-3 minit.
d) Pukul telur, satu demi satu, diikuti dengan ekstrak vanila.
e) Campurkan bahan kering secara beransur-ansur, menggunakan spatula untuk menggabungkan sehingga doh menjadi sebati.
f) Masukkan biji chia, cranberry kering, dan badam cincang sehingga sekata ke seluruh adunan.
g) Bahagikan doh kepada dua bahagian yang sama dan bentuk setiap satu menjadi log lebih kurang 12 inci panjang dan 2 inci lebar.
h) Letakkan kayu balak di atas loyang yang disediakan dan bakar selama 25-30 minit atau sehingga padat apabila disentuh.
i) Keluarkan balak dari ketuhar dan biarkan ia sejuk di atas loyang selama 5-10 minit.
j) Dengan menggunakan pisau bergerigi, potong kayu balak menjadi kepingan setebal ½ inci, dan letakkannya semula pada loyang, potong ke bawah.
k) Kembalikan biscotti ke dalam ketuhar dan bakar selama 10-15 minit tambahan atau sehingga garing dan kering.
l) Biarkan biscotti sejuk sepenuhnya di atas rak dawai sebelum dihidangkan.

# 41. Puding Chia Elderflower

**BAHAN-BAHAN:**
- ¼ cawan biji chia
- 1 cawan susu (tenusu atau berasaskan tumbuhan)
- 2 sudu besar sirap elderflower atau pekatan teh Elderflower
- 1 sudu besar madu atau pemanis pilihan anda
- Buah-buahan segar, kacang atau granola untuk hiasan

**ARAHAN:**
a) Dalam balang atau bekas, satukan biji chia, susu, sirap bunga tua atau pekat teh, dan madu.
b) Kacau rata untuk sebati dan pastikan biji chia diedarkan sama rata.
c) Tutup balang dan sejukkan sekurang-kurangnya 2 jam atau semalaman, sehingga adunan menjadi pekat dan menjadi seperti puding.
d) Kacau adunan sekali atau dua kali semasa masa penyejukan untuk mengelakkan berketul.
e) Hidangkan puding chia Elderflower dalam keadaan sejuk, dan ditambah dengan buah-buahan segar, kacang atau granola untuk menambah tekstur dan rasa.

# 42. Mangkuk Smoothie Bunga Elder

**BAHAN-BAHAN:**
- 1 pisang beku
- ½ cawan beri beku (seperti strawberi, raspberi atau beri biru)
- ¼ cawan teh Elderflower (dibancuh kuat dan disejukkan)
- ¼ cawan yogurt Yunani atau yogurt berasaskan tumbuhan
- 1 sudu besar biji chia
- Topping: buah-buahan yang dihiris, granola, serpihan kelapa, kacang, dll.

**ARAHAN:**
a) Dalam pengisar, gabungkan pisang beku, beri beku, teh Elderflower, yogurt Yunani, dan biji chia.
b) Kisar sehingga licin dan berkrim. Jika perlu, tambahkan percikan teh atau air Elderflower tambahan untuk mencapai konsistensi yang diingini.
c) Tuangkan smoothie ke dalam mangkuk.
d) Teratas dengan hirisan buah-buahan, granola, serpihan kelapa, kacang atau sebarang topping lain yang anda suka.
e) Nikmati mangkuk smoothie Elderflower yang menyegarkan dan bertenaga sebagai sarapan pagi yang berkhasiat.

## 43.Jam Chia Elderflower

**BAHAN-BAHAN:**
- 2 cawan beri segar atau beku (seperti strawberi, raspberi atau beri biru)
- ¼ cawan sirap bunga tua
- 2 sudu besar biji chia
- 1 sudu besar madu atau pemanis pilihan anda (pilihan)

**ARAHAN:**
a) Dalam periuk, satukan beri dan sirap bunga tua atau pekat teh.
b) Bawa adunan hingga mendidih dengan api sederhana, kacau sekali-sekala dan tumbuk beri dengan sudu atau garfu.
c) Masak beri selama kira-kira 5-10 minit, atau sehingga ia pecah dan mengeluarkan jusnya.
d) Masukkan biji chia dan madu atau pemanis (jika menggunakan) dan teruskan masak selama 5 minit lagi, kacau kerap, sehingga jem menjadi pekat.
e) Keluarkan periuk dari api dan biarkan jem sejuk selama beberapa minit.
f) Pindahkan jem chia Elderflower ke dalam balang atau bekas dan sejukkan sehingga ia mencapai konsistensi yang boleh disebarkan.
g) Sapukan jem chia Elderflower pada roti bakar, atau bagel, atau gunakannya sebagai topping untuk penkek atau oat untuk hidangan buah-buahan dan bunga pada sarapan pagi anda.

## 44. Gigitan Tenaga Bunga Raya

**BAHAN-BAHAN:**
- 1 cawan kurma, diadu
- ½ cawan badam
- ¼ cawan pekat teh bunga raya
- 2 sudu besar biji chia
- 2 sudu besar kelapa parut
- Pilihan: serbuk koko atau kacang dihancurkan untuk salutan

**ARAHAN:**
a) Dalam pemproses makanan, kisar kurma dan badam sehingga membentuk adunan melekit.
b) Masukkan pekat teh bunga raya, biji chia, dan kelapa parut ke dalam pemproses makanan. Kisar lagi hingga sebati.
c) Ambil bahagian kecil adunan dan canai menjadi bebola bersaiz gigitan.
d) Pilihan: Gulungkan gigitan tenaga dalam serbuk koko atau kacang hancur untuk salutan.
e) Letakkan gigitan tenaga dalam bekas kedap udara dan sejukkan selama sekurang-kurangnya 30 minit untuk mengeras.

## 45. Puding Chia Mason Jar

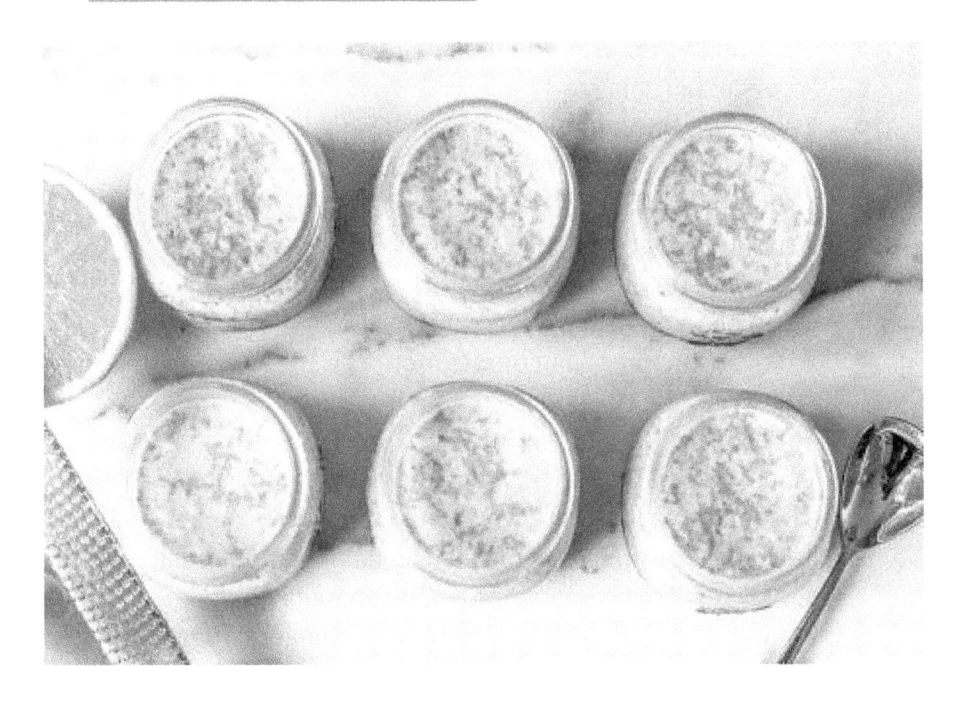

**BAHAN-BAHAN:**
- 1 ¼ cawan susu 2%.
- 1 cawan 2% yogurt Yunani biasa
- ½ cawan biji chia
- 2 sudu besar madu
- 2 sudu besar gula
- 1 sudu besar kulit oren
- 2 sudu teh ekstrak vanila
- ¾ cawan oren bersegmen
- ¾ cawan jeruk keprok bersegmen
- ½ cawan limau gedang bersegmen

**ARAHAN:**

a) Dalam mangkuk besar, pukul bersama susu, yogurt Yunani, biji chia, madu, gula, kulit oren, vanila dan garam sehingga sebati.

b) Bahagikan campuran sama rata ke dalam empat balang mason (16 auns). Sejukkan semalaman, atau sehingga 5 hari.

c) Hidangkan sejuk, dihiasi dengan oren, tangerin, dan limau gedang.

## 46. Matcha Overnight Oat

**BAHAN-BAHAN:**
- ½ cawan oat kuno
- ½ cawan susu atau susu alternatif pilihan
- ¼ cawan yogurt Yunani
- 1 sudu teh serbuk matcha
- 2 sudu kecil biji chia
- 1 sudu teh madu
- secubit ekstrak vanila

**ARAHAN:**
a)  Sukat semua bahan ke dalam balang atau mangkuk dan gaul rata.
b)  Sejukkan dan nikmati keesokan harinya!

## 47. Matcha Avocado Smoothie

**BAHAN-BAHAN:**
- ½ alpukat, dikupas dan dipotong dadu
- ⅓ timun
- 2 cawan bayam
- 1 cawan santan
- 1 cawan susu badam
- 1 sudu teh serbuk matcha
- ½ jus limau nipis
- ½ sudu serbuk protein vanila
- ½ sudu teh biji chia

**ARAHAN:**
a) Kisar daging alpukat dengan timun dan bahan-bahan lain dalam pengisar sehingga halus.
b) Hidang.

## 48. Balang Parfait Pistachio Pear

**BAHAN-BAHAN:**
**PUDING PEAR CHIA:**
- ¼ cawan puri pear
- ⅓ cawan vanila tanpa gula atau susu badam biasa
- 3 sudu besar biji chia
- Puding Avokado Pear:
- 1 buah avokado masak
- 1-2 sudu teh madu atau madu kelapa, bergantung kepada kemanisan pilihan
- 2 sudu besar puri pear

**TINGGAL LAPISAN & HIASAN:**
- ½ cawan granola kegemaran anda
- ½ cawan yogurt kelapa kosong atau yogurt Greek vanila
- ¼ cawan pir segar yang dicincang
- 2 sudu besar pistachio cincang
- 2 sudu teh madu atau madu kelapa

**ARAHAN:**

a) Mulakan dengan menyediakan Puding Pear Chia dengan memasukkan semua bahan ke dalam mangkuk, gaul sehingga sebati, kemudian biarkan di dalam peti sejuk selama 15-20 minit untuk pekat.

b) Seterusnya, sediakan Puding Pear Avocado dengan memasukkan semua bahan ke dalam pemproses makanan kecil atau peluru bayi dan nadi sehingga adunan sebati. Uji rasa dan tambahkan madu/nektar kelapa jika anda lebih suka puding alpukat lebih manis.

c) Apabila puding chia telah pekat, kacau sekali lagi dan anda sudah bersedia untuk melapisi semua bahan.

d) Menggunakan dua balang 8-auns, bahagikan granola, yogurt, puding chia dan puding alpukat, letakkan ini dalam sebarang susunan yang anda suka antara kedua-dua balang.

e) Selesai dengan meletakkan setiap balang dengan 2 sudu besar pir segar cincang dan 1 sudu besar pistachio cincang, kemudian siram setiap balang dengan 1 sudu teh madu atau madu kelapa.

# BIJI FLAX/LINSEED

## 49. Bebola Daging Vegan Bakar Ketuhar

**BAHAN-BAHAN:**
- 1 sudu besar biji rami yang dikisar
- ¼ cawan + 3 sudu besar sup sayur-sayuran
- 1 biji bawang besar, kupas dan potong empat
- 2 ulas bawang putih, dikupas
- 1½ tumbuhan bebola daging
- 1 cawan serbuk roti
- ½ cawan keju parmesan vegan
- 2 sudu besar pasli segar, dicincang halus
- Garam dan lada sulah, secukup rasa
- Semburan minyak masak

**ARAHAN:**
a) Masukkan bawang merah dan bawang putih ke dalam pemproses makanan dan pukul sehingga puri.
b) Masukkan telur rami ke dalam mangkuk besar, ¼ cawan sup sayur-sayuran, bawang besar dan bawang putih tulen, Daging tumbuhan bebola daging mustahil, serbuk roti, keju parmesan vegan, pasli, dan secubit garam dan lada sulah.
c) Gaul sebati hingga sebati.
d) Daripada adunan bebola daging vegan kepada 32 bebola .
e) Letakkan bebola daging vegan pada dulang pembakar yang beralas dan bakar dalam ketuhar selama kira-kira 10 minit, atau sehingga perang keemasan.

## 50. Pusingan Biskut Fiber

**BAHAN-BAHAN:**
- 2 sudu besar biji rami
- 2 sudu besar kuman gandum
- ⅔ cawan Carbquik
- ¼ cawan tepung gandum bergluten tinggi
- 2 sudu besar mentega, suhu bilik
- Lebih kurang 1 cawan air

**ARAHAN:**
a) Kisar biji rami dan kuman gandum kepada konsistensi tepung menggunakan pengisar kopi atau perkakas yang serupa.
b) Dalam mangkuk adunan, satukan Carbquik dan tepung gandum bergluten tinggi menggunakan garpu. Masukkan biji rami yang dikisar dan tepung kuman gandum dan kacau rata.
c) Potong mentega suhu bilik ke dalam bahan kering, gaul sehingga ia menyerupai serbuk kasar.
d) Masukkan ¾ air paip panas secara beransur-ansur ke dalam adunan, kacau rata untuk membentuk doh. Teruskan menambah sedikit air mengikut keperluan sehingga doh mencapai konsistensi doh biskut ringan.
e) Dengan tangan yang digris, bahagikan doh kepada 10 bebola yang sama besar, lebih kurang sebesar walnut.
f) Tekan setiap bola pada lembaran pembakar yang telah digris atau batu pembakar yang tidak digris untuk membentuk bulatan 4 inci.
g) Bakar dalam ketuhar 350°F (175°C) yang telah dipanaskan terlebih dahulu sehingga bahagian tepi hampir tidak mula menjadi perang.
h) Keluarkan bulatan biskut dari ketuhar dan dari loyang atau batu serta-merta untuk menyejukkan.
i) Setelah sejuk, nikmati Pusingan Biskut Fiber Carbquik buatan sendiri anda!

## 51. Lunchbox Chocolate Chip Cookies

**BAHAN-BAHAN:**
- ⅓ cawan sos epal tanpa gula
- ⅓ cawan mentega badam
- ½ cawan pemanis kering
- 1 sudu besar biji rami yang dikisar
- 2 sudu teh ekstrak vanila tulen
- 1⅓ cawan tepung oat
- ½ sudu teh baking soda
- ½ sudu teh garam
- ¼ cawan tepung sorgum, atau tepung pastri gandum
- ½ cawan cip coklat manis bijirin

**ARAHAN:**

a) Panaskan ketuhar hingga 350°F. Lapik dua helai pembakar besar dengan kertas pacmen atau tikar pembakar Silpat.

b) Dalam mangkuk adunan yang besar, gunakan garpu yang kuat untuk pukul bersama sos epal, mentega badam, pemanis kering dan biji rami. Setelah agak rata, campurkan vanila.

c) Masukkan tepung oat, soda penaik, dan garam dan gaul rata. Masukkan tepung sorghum dan cip coklat dan gaul rata.

d) Titiskan sesudu adunan ke atas lembaran pembakar yang disediakan dalam kira-kira 1½ sudu besar, jarak kira-kira 2 inci. Ratakan sedikit biskut, supaya menyerupai cakera tebal (ia tidak akan merebak sama sekali semasa membakar). Bakar selama 8 hingga 10 minit. Lebih lama anda membakarnya, ia akan menjadi lebih rangup.

e) Keluarkan kuki dari ketuhar dan biarkan ia sejuk di atas helaian selama 5 minit, kemudian pindahkan ke rak penyejuk untuk menyejukkan sepenuhnya.

## 52. Keropok Fonio & Moringa

**BAHAN-BAHAN:**
**UNTUK KEROPOK:**
- 3/4 cawan Fonio Super-Grain, dicampur menjadi tepung
- 1 sudu teh Serbuk Moringa
- 1 cawan biji labu
- 3/4 cawan biji bunga matahari
- 1/2 cawan biji rami, biji keseluruhan
- 1/2 cawan biji chia
- 1/3 cawan oat cepat bebas gluten
- 2 sudu besar biji popia
- 1/2 sudu teh garam
- 1/2 sudu kecil lada
- 1/4 sudu kecil serbuk kunyit
- 2 sudu besar minyak zaitun cili, atau minyak zaitun biasa
- 1/2 cawan air

**UNTUK PAPAN CHEESE:**
- Kacang
- Buah-buahan kering
- Buah-buahan segar
- Keju vegan

**ARAHAN:**
a) Panaskan ketuhar hingga 190°. Campurkan semua bahan kering dalam mangkuk.
b) Masukkan minyak zaitun dan air, dan gaul rata sehingga menjadi doh.
c) Bahagikan adunan kepada dua bahagian. Ambil satu separuh dan letakkan di antara dua keping kertas kertas dan gulungkan doh, lebih kurang. 2-3mm tebal.
d) Potong mengikut bentuk yang anda kehendaki dan pindahkan ke dalam dulang pembakar. Ulangi langkah dengan separuh kedua doh. Bakar selama 20-25min atau sehingga bahagian tepi berwarna perang keemasan.
e) Biarkan sejuk selama 10minit. Hidangkan dengan pilihan buah-buahan, kacang, keju dan saus.

## 53.Tiada Gigitan Tenaga Bakar Dengan Nutella

**BAHAN-BAHAN:**
- 1 cawan oat gulung kuno
- ½ cawan bijirin beras rangup, atau kelapa parut
- ½ cawan Nutella
- ¼ cawan mentega kacang
- ½ cawan biji rami yang dikisar
- ⅓ cawan madu
- 1 sudu besar minyak kelapa
- 1 sudu teh vanila
- ½ cawan cip coklat

**ARAHAN:**
a) Campurkan oat gulung, bijirin beras rangup, Nutella, mentega kacang, biji rami yang dikisar, madu, vanila, minyak kelapa dan cip coklat mini.

b) Cedok adunan ke dalam bebola kecil kira-kira 1 sudu besar setiap satu. Letakkan bola di atas sekeping kertas parchment.

c) Gunakan tangan anda untuk menggulungnya menjadi bola yang padat. Letakkan dalam peti sejuk untuk ditetapkan.

## 54. Apple Blueberry Walnut Rangup

**BAHAN-BAHAN:**
**PENGISIAN:**
- 3 epal besar merah atau emas yang lazat, dikupas dan dihiris
- 2 sudu besar gula perang yang dibungkus
- 2 sudu besar tepung gandum
- 1 sudu teh ekstrak vanila
- ½ sudu teh kayu manis tanah
- ½ pain blueberry (1 cawan)

**TOPPING RANGUP:**
- ¾ cawan walnut, dicincang sangat halus
- ¼ cawan oat lama atau masak cepat
- 2 sudu besar gula perang yang dibungkus
- 2 sudu besar tepung gandum
- 2 sudu besar biji rami yang dikisar
- ½ sudu teh kayu manis tanah
- ⅛ sudu teh garam
- 2 sudu besar minyak kanola

**ARAHAN:**
a) Panaskan ketuhar hingga 400°F.

b) Satukan epal, gula perang, tepung, vanila, dan kayu manis dalam mangkuk besar dan toskan hingga rata. Perlahan-lahan masukkan blueberry. Letakkan adunan epal dalam loyang bersaiz 8 x 8 inci dan ketepikan.

c) Untuk membuat topping, gabungkan walnut, oat, gula perang, tepung gandum, biji rami, kayu manis dan garam dalam mangkuk sederhana.

d) Masukkan minyak canola dan kacau sehingga bahan kering bersalut dengan baik.

e) Sapukan topping secara rata ke atas adunan buah.

f) Bakar selama 40 hingga 45 minit, atau sehingga buah lembut dan topping berwarna perang keemasan (tutup dengan foil jika topping terlalu cepat coklat).

## 55. Smoothie Pembersih Berry Dan Chard

**BAHAN-BAHAN:**
- 3 helai daun chard Swiss, batang dibuang
- ¼ cawan cranberi beku
- Air, 1 cawan
- biji rami tanah, 2 sudu besar
- 1 cawan raspberi
- 2 pitted kurma Medjool

**ARAHAN:**
a) Letakkan semua komponen dalam pengisar, dan proses sehingga licin sepenuhnya.

# BIJI KADAMOM

# 56.India Masala Chai Affogato

**BAHAN-BAHAN:**
- 1 scoop masala chai gelato atau aiskrim
- 1 pukulan teh chai
- biji buah pelaga dihancurkan
- pistachio hancur

**ARAHAN:**
a) Letakkan satu sudu masala chai gelato atau ais krim ke dalam gelas hidangan.
b) Tuangkan secebis teh chai ke atas gelato.
c) Taburkan dengan biji buah pelaga yang telah dihancurkan.
d) Hiaskan dengan pistachio yang dihancurkan.
e) Hidangkan segera dan rasai rasa hangat dan aromatik masala chai India.

# 57. Aiskrim Chai

**BAHAN-BAHAN:**
- 2 bintang anise bintang
- 10 ulas keseluruhan
- 10 biji lada sulah
- 2 batang kayu manis
- 10 biji lada putih keseluruhan
- 4 buah buah pelaga, dibuka kepada biji
- ¼ cawan teh hitam berbadan penuh (Ceylon atau sarapan Inggeris)
- 1 cawan susu
- 2 cawan krim berat (dibahagikan, 1 cawan dan 1 cawan)
- ¾ cawan gula
- secubit garam
- 6 biji kuning telur (lihat cara mengasingkan telur)

**ARAHAN:**
a) Ke dalam periuk berat masukkan 1 cawan susu, 1 cawan krim, dan rempah chai - bunga lawang, bunga cengkih, lada sulah, batang kayu manis, lada putih, dan buah pelaga, dan secubit garam.

b) Panaskan adunan sehingga wap (tidak mendidih) dan panas apabila disentuh. Kecilkan api hingga suam, tutup dan biarkan selama 1 jam.

c) Panaskan semula adunan sehingga berwap panas semula (sekali lagi tidak mendidih), masukkan daun teh hitam, angkat dari api, kacau dalam teh, dan biarkan curam selama 15 minit.

d) Gunakan penapis jaringan halus untuk menapis teh dan rempah ratus, tuangkan campuran krim susu yang diselitkan ke dalam mangkuk yang berasingan.

e) Kembalikan campuran krim susu ke dalam periuk berdasar berat. Masukkan gula ke dalam campuran krim susu dan panaskan, kacau, sehingga gula larut sepenuhnya.

f) Semasa teh diselitkan dalam langkah sebelumnya, sediakan baki 1 cawan krim di atas tab mandi ais.

g) Tuangkan krim ke dalam mangkuk logam bersaiz sederhana, dan letakkan di dalam air ais (dengan banyak ais) di atas mangkuk yang lebih besar. Tetapkan penapis mesh di atas mangkuk. Mengetepikan.

h) Pukul kuning telur dalam mangkuk bersaiz sederhana. Perlahan-lahan tuangkan campuran krim susu yang dipanaskan ke dalam kuning telur, kacau sentiasa supaya kuning telur dibancuh oleh adunan hangat tetapi tidak dimasak olehnya. Kikiskan kembali kuning telur yang telah dipanaskan ke dalam periuk.

i) Kembalikan periuk ke dapur, kacau adunan sentiasa di atas api sederhana dengan sudu kayu, kikis bahagian bawah semasa anda kacau sehingga adunan menjadi pekat dan salutkan sudu supaya anda boleh melepasi salutan dan salutan tidak mengalir. Ini boleh mengambil masa kira-kira 10 minit.

j) Sebaik sahaja ini berlaku, adunan hendaklah dikeluarkan dari haba serta-merta dan dituangkan melalui ayak ke atas tab mandi ais untuk menghentikan memasak dalam langkah seterusnya.

## 58.Teh Dengan Serpihan Rumpai Laut Kombu

**BAHAN-BAHAN:**
- 1-4 sudu teh kepingan atau serbuk Kombu
- 1 liter air sejuk
- 1-4 sudu teh teh hijau daun longgar
- 2 keping halia segar atau akar lengkuas
- 1 sudu teh kayu manis
- 2 biji limau nipis atau limau nipis
- secubit biji buah pelaga

**ARAHAN:**
a) Tambah teh hijau, Kombu, dan perisa pilihan anda ke dalam jag air sejuk 1.5 liter.
b) Biarkan ia curam sehingga warna yang baik telah berkembang. Ini akan mengambil masa beberapa jam.
c) Jika anda mahukan minuman panas, tambahkan setengah cawan teh sejuk dengan air mendidih.

# 59. Kek Mentega Oren-Kardamom Dengan Ais Mawar

**BAHAN-BAHAN:**
**UNTUK KEK**
- 2 sudu besar susu penuh
- 1 ½ sudu teh parutan kulit oren
- ½ sudu teh air bunga oren
- ½ biji vanila, dibelah dua secara bersilang
- ½ cawan mentega tanpa garam (4 auns), pada suhu bilik, ditambah lagi untuk melincirkan kuali
- 1 cawan tepung serba guna (kira-kira 4 ¼ auns), ditambah lagi untuk kuali
- 1 sudu kecil serbuk penaik
- ¼ sudu teh biji buah pelaga hijau dikisar
- ⅛ sudu teh garam halal
- ½ cawan ditambah 1 sudu besar gula pasir
- 2 biji telur besar, pada suhu bilik

**UNTUK AIS**
- 1 ½ cawan gula tepung (kira-kira 6 auns)
- 1 cawan mentega tanpa garam (8 auns), dilembutkan
- ½ sudu teh air bunga oren
- ½ sudu teh ekstrak vanila
- ⅛ sudu teh air mawar
- ½ cawan jem raspberi tanpa biji
- 1 ½ sudu teh jus oren segar

**BAHAN TAMBAHAN**
- Kelopak bunga ros kering, untuk hiasan

**ARAHAN:**
**BUAT KEK:**
a) Panaskan ketuhar hingga 325°F. Satukan susu, kulit oren dan air bunga oren dalam mangkuk kecil. Belah biji vanila separuh memanjang, dan kikis biji vanila ke dalam campuran susu; kacau hingga sebati. Tambah pod kacang vanila kepada campuran susu; mengetepikan.

b) Lumurkan bahagian bawah dan tepi 8 perigi kuali muffin standard 12 cawan dengan mentega dengan banyak cara. Taburkan dengan tepung. Condongkan untuk menutup bahagian tepi sepenuhnya, dan ketik lebihan. Mengetepikan.

c) Pukul bersama tepung, serbuk penaik, buah pelaga, dan garam dalam mangkuk sederhana.

d) Pukul mentega dan gula dalam mangkuk besar dengan pengadun elektrik pada kelajuan sederhana sehingga ringan dan gebu, 5 hingga 7 minit. Masukkan telur ke dalam adunan mentega, 1 demi satu, pukul pada kelajuan sederhana sehingga sebati.

e) Dengan pengadun berjalan pada kelajuan rendah, masukkan campuran tepung secara beransur-ansur ke dalam campuran mentega dalam 3 penambahan, berselang-seli dengan campuran susu. Pukul sehingga adunan licin, kira-kira 2 minit.

f) Bahagikan adunan sama rata di antara 8 perigi kuali muffin yang disediakan; bahagian atas licin dengan spatula mengimbangi.

g) Bakar sehingga pick kayu yang dimasukkan di tengah-tengah kek keluar bersih, 18 hingga 20 minit. Biarkan sejuk dalam kuali selama 10 minit. Keluarkan dari kuali; biarkan sejuk sepenuhnya di atas rak dawai, selama kira-kira 20 minit.

h) Menggunakan pisau bergerigi, keluarkan dan buang bahagian atas kubah daripada kek. Terbalikkan kek, potong bahagian bawah, di atas papan pemotong. Belah separuh kek bersilang, buat 2 lapisan untuk setiap satu.

**BUAT AIS:**
i) Pukul gula tepung dan mentega dalam mangkuk sederhana dengan pengadun elektrik pada kelajuan sederhana tinggi sehingga ringan dan gebu, kira-kira 5 minit.

j) Tambah air bunga oren, ekstrak vanila, dan air mawar; pukul sehingga sebati.
k) Kacau bersama jem raspberi dan jus oren dalam mangkuk kecil sehingga rata.

**UNTUK MEMASANG KEK:**

l) Sapukan 2 sudu teh aising pada lapisan bawah 1 kek. Teratas dengan 1 sudu teh campuran jem, dan letakkan lapisan atas kek pada jem.
m) Sapukan lapisan nipis aising di bahagian luar kek; sapukan 2 sudu teh aising di atas kek.
n) Letakkan bahagian atas dengan 1 sudu teh campuran jem, biarkan lebihan menitis perlahan-lahan ke bahagian tepi.
o) Ulangi dengan kek yang tinggal. Hiaskan dengan kelopak bunga ros kering.

# BIJI HEMP

# 60.Bebola Daging Bit Merah

**BAHAN-BAHAN:**
- 15 auns Kacang Pinggang Merah Muda boleh
- 2 ½ sudu besar minyak zaitun extra-virgin
- 2 ½ auns Cendawan Cremini
- 1 biji bawang merah
- ½ cawan beras perang yang telah dimasak
- ¾ cawan Bit Mentah
- 1/3 cawan Biji Rami
- 1 sudu kecil lada hitam dikisar
- ½ sudu teh garam laut
- ½ sudu teh Biji Ketumbar Kisar
- 1 pengganti telur vegan

**ARAHAN:**
a) Panaskan ketuhar hingga 375°F. Tumbuk kacang merah dengan baik dalam mangkuk adunan, dan ketepikan.
b) Panaskan minyak dalam kuali nonstick dengan api sederhana.
c) Masukkan cendawan dan bawang dan tumis sehingga lembut, kira-kira 8 minit.
d) Pindahkan campuran sayuran ke dalam mangkuk adunan dengan kacang.
e) Masukkan beras, bit, biji rami, lada sulah, garam, dan ketumbar sehingga sebati.
f) Masukkan pengganti telur vegan dan kacau sehingga sebati.
g) Bentuk adunan menjadi empat bebola, dan letakkan di atas lembaran pembakar beralas kertas parchment yang tidak diluntur.
h) Sapukan sedikit bahagian atas Bebola Daging dengan ½ sudu besar minyak menggunakan hujung jari anda.
i) Bakar selama 1 jam. Balikkan setiap bebola daging dengan sangat perlahan dan bakar sehingga garing, padat dan keperangan, kira-kira 20 minit lagi.

# 61. Blueberry Spirulina Overnight Oat

**BAHAN-BAHAN:**
- ½ cawan oat
- 1 sudu besar kelapa parut
- ⅛ sudu teh kayu manis
- ½ sudu teh spirulina
- ½ cawan susu berasaskan tumbuhan
- 1 ½ Sudu besar yogurt berasaskan tumbuhan
- ¼ cawan beri biru beku
- 1 sudu kecil biji rami
- 1 kiwi, dihiris

**ARAHAN:**

a) Dalam balang atau mangkuk masukkan oat, kelapa parut, kayu manis, dan spirulina. Kemudian masukkan susu berasaskan tumbuhan dan kelapa atau yogurt asli.

b) Masukkan blueberry beku dan kiwi di atas. Sejukkan semalaman, atau sekurang-kurangnya selama sejam atau lebih.

c) Sebelum dihidangkan masukkan biji rami jika mahu. Nikmati!

# 62.Mangkuk Smoothie Peach

**BAHAN-BAHAN:**
- 2 cawan pic, beku
- 1 pisang, beku
- 1½ cawan susu badam vanila tanpa gula
- 1 Sudu besar biji rami
- Beri campuran
- bunga yang boleh dimakan
- hirisan pic segar
- hirisan nenas segar

**ARAHAN:**
- ☑ Masukkan semua bahan, kecuali bunga yang boleh dimakan, hirisan pic segar dan hirisan nenas segar ke dalam cawan pengisar dan kisar sehingga rata, berhati-hati agar tidak terlalu bercampur.
- ☑ Teratas dengan bunga yang boleh dimakan, hirisan pic segar, hirisan nenas segar atau sebarang topping lain pilihan anda.

# 63. Kulit Coklat Dengan Goji Berry

**BAHAN-BAHAN:**
- 12 auns Coklat Cip
- 2.5 Sudu Besar Serbuk Lumut Laut
- 1 Sudu Besar Biji Rami
- ½ cawan kacang mentah
- 2 Sudu Besar Goji Berries
- ½ sudu teh Garam Laut Himalaya, pilihan

**ARAHAN:**
a) Kumpul bahan-bahan. Sediakan bahan-bahan anda supaya kulit coklat mudah dipasang.
b) Ambil mangkuk besar yang selamat untuk ketuhar gelombang mikro, tambah coklat, dan kemudian cairkan coklat dalam selang 30 saat dalam ketuhar gelombang mikro, kacau di antara setiap selang.
c) Setelah coklat telah cair sepenuhnya, pindahkan coklat ke atas pinggan beralas kertas atau lembaran pembakar. Gunakan spatula untuk menyebarkan coklat dalam lapisan nipis, sekata, kira-kira ¼" tebal.
d) Tambah pada topping.
e) Pindahkan pinggan ke peti sejuk dan biarkan coklat ditetapkan, yang sepatutnya mengambil masa kira-kira 30 minit.
f) Apabila coklat telah ditetapkan, anda boleh memecahkannya kepada kepingan bersaiz gigitan.
g) Nikmati coklat anda! Simpan sebarang sisa kulit coklat dalam bekas kedap udara di dalam peti sejuk sehingga seminggu.

# 64.Teh Hijau & Halia Smoothie

**BAHAN-BAHAN:**
- 1 buah pir Anjou, dicincang
- ¼ cawan kismis putih atau mulberi kering
- 1 sudu teh akar halia yang baru dikisar
- 1 genggam besar daun salad romaine yang dicincang
- 1 sudu besar biji rami
- 1 cawan teh hijau yang dibancuh tanpa gula, disejukkan
- 7 hingga 9 kiub ais

**ARAHAN:**
a) Letakkan semua bahan kecuali ais dalam Vitamix, dan proses sehingga licin dan berkrim.
b) Masukkan ais dan proses semula. Minum sejuk.

# BIJI POPI

## 65.Wafel Lemon & Poppy-Seed

**BAHAN-BAHAN:**
- 2 cawan tepung serba guna
- 2 sudu besar polenta
- 2 Sudu besar gula putih
- 2 Sudu besar biji popia
- ¾ sudu teh baking soda
- ¾ sudu teh garam yang dihiris
- 2½ cawan buttermilk
- 2 biji telur besar
- 1 Sudu besar kulit limau parut
- 1 sudu teh jus lemon segar
- 1 sudu teh ekstrak vanila tulen
- ⅔ cawan minyak sayuran

**ARAHAN:**
a) Satukan semua bahan kering dalam mangkuk adunan yang besar; pukul sehingga sebati. Sama ada dalam cawan penyukat besar atau mangkuk adunan yang berasingan, satukan bahan-bahan yang tinggal dan pukul sehingga sebati.
b) Masukkan bahan cair ke dalam bahan kering dan pukul sehingga rata.
c) Panaskan pembuat wafel ke tetapan yang dikehendaki.
d) Tuangkan sedikit secawan adunan melalui bahagian atas muncung. Apabila nada berbunyi, wafel sudah siap. Buka pembuat wafel dengan berhati-hati dan keluarkan wafel yang dibakar.
e) Tutup pembuat wafel dan ulangi dengan adunan yang tinggal.

## 66. Carbquik Bialys

**BAHAN-BAHAN:**
- 1 ½ cawan air suam, 105 hingga 115 darjah F
- 1 biji telur keseluruhan, dipukul dengan 2 sudu air untuk dicuci
- 1 sudu besar garam halal, untuk taburan
- 5 sudu teh yis kering aktif
- 2 sudu teh gula
- 5 ½ cawan Carbquik
- 2 ½ sudu teh garam halal
- ½ cawan serpihan bawang dehidrasi
- 2 sudu besar minyak sayuran
- 1 ½ sudu besar biji popia

**ARAHAN:**
a) Panaskan ketuhar anda hingga 450ºF.
b) Dalam mangkuk besar, pukul bersama air suam, yis, dan gula. Kacau dalam satu cawan Carbquik dan garam. Masukkan sebahagian besar baki Carbquik dan kacau dengan sudu kayu untuk membentuk jisim lembut. Jika menggunakan pengadun, pasangkan cangkuk doh dan gaul selama 8 hingga 10 minit, tambah Carbquik tambahan mengikut keperluan untuk membentuk doh yang padat dan licin. Sebagai alternatif, anda boleh menguli doh dengan tangan.
c) Tutup doh dan biarkan ia berehat selama kira-kira 45 hingga 60 minit. Semasa adunan direhatkan, alaskan 2 loyang besar dengan kertas parchment.
d) Letakkan bawang kering dalam mangkuk dan tambah air panas, biarkan bawang meresap selama 15 minit. Toskan bawang dengan baik, letakkannya dalam mangkuk, dan tambah minyak dan biji popi jika digunakan. Ketepikan adunan ini.
e) Apabila doh telah direhatkan, tebuk dan bahagikan kepada dua bahagian yang sama. Kemudian, bahagikan setiap separuh kepada enam bahagian yang sama. Biarkan bahagian doh berehat selama 10 minit.
f) Gulung atau regangkan setiap bahagian doh ke dalam bentuk bujur atau bulatan 4 atau 5 inci, berhati-hati agar doh tidak terlalu banyak. Letakkan bilys pada lembaran pembakar yang disediakan,

dan dengan jari anda, buat lekukan di tengah kira-kira saiz setengah dolar (jangan melalui doh).

g) Berus ringan pada perimeter luar setiap bily dengan pencuci telur. Sudukan kira-kira 2 sudu teh topping bawang yang telah disediakan ke atas setiap bily dan tambah sedikit taburan garam jika mahu.

h) Tutup bilys dengan tuala teh yang ditaburkan tepung dan biarkan ia mengembang selama 30 hingga 40 minit, atau sehingga ia menjadi bengkak.

i) Bakar bialys sehingga ia berwarna perang keemasan, yang sepatutnya mengambil masa kira-kira 25 hingga 30 minit. Jika anda perasan bialys menjadi perang terlalu cepat, anda boleh mengurangkan haba ketuhar kepada 425 darjah F. Nikmati bialys anda yang baru dibakar!

## 67. Muffin Lemon Carbquik

**BAHAN-BAHAN:**
- 1 biji telur keseluruhan
- 1 cawan Carbquik
- 2 sudu besar Splenda (atau secukup rasa)
- 1 sudu kecil kulit limau parut
- ¼ cawan jus lemon
- ⅛ cawan air
- 1 sudu besar minyak
- 1 sudu besar biji popia (pilihan)
- 1 sudu kecil serbuk penaik
- Sedikit garam

**ARAHAN:**

a) Panaskan Ketuhar Anda: Panaskan ketuhar anda hingga 400ºF (200ºC). Letakkan cawan pembakar kertas dalam setiap 6 cawan muffin bersaiz biasa, atau griskan bahagian bawah cawan muffin sahaja.

b) Campurkan Adunan: Dalam mangkuk bersaiz sederhana, pukul telur sedikit.

c) Kemudian, kacau dalam baki Carbquik, Splenda, kulit limau parut, jus lemon, air, minyak, biji popia (jika menggunakan), serbuk penaik, dan secubit garam. Kacau sehingga campuran hanya dibasahkan; jangan overmix.

d) Bahagikan Adunan: Bahagikan adunan muffin di antara cawan muffin yang telah disediakan.

e) Bakar: Bakar muffin dalam ketuhar yang telah dipanaskan selama 15 hingga 20 minit atau sehingga bahagian atasnya berwarna perang keemasan. Pantau mereka menjelang penghujung masa pembakar untuk mengelakkan terlalu masak.

f) Setelah selesai, keluarkan muffin dari ketuhar dan biarkan ia sejuk di dalam cawan muffin selama beberapa minit.

g) Pindahkan muffin ke rak dawai untuk menyejukkan sepenuhnya.

h) Nikmati Muffin Lemon Carbquik buatan sendiri anda!

# BIJI SAJI

## 68.Burekas

**BAHAN-BAHAN:**
- 1 lb / 500 g pastri puff berkualiti terbaik semua mentega
- 1 biji telur jarak bebas besar, dipukul

**PENGISIAN RICOTTA**
- ¼ cawan / 60 g keju kotej
- ¼ cawan / 60 g keju ricotta
- ⅔ cawan / 90 keju feta hancur
- 2 sudu kecil / 10 g mentega tanpa garam, cair

**PENGISIAN PECORINO**
- 3½ sudu besar / 50 g keju ricotta
- ⅔ cawan / 70 g parut keju pecorino berumur
- ⅓ cawan / 50 g parut keju Cheddar tua
- 1 daun bawang, potong 2 inci / 5cm, dicelur sehingga lembut, dan dicincang halus (¾ cawan / 80 g kesemuanya)
- 1 sudu besar pasli daun rata yang dicincang
- ½ sudu kecil lada hitam yang baru dikisar

**BIJI BENIH**
- 1 sudu kecil biji nigella
- 1 sudu kecil bijan
- 1 sudu kecil biji sawi kuning
- 1 sudu kecil biji jintan
- ½ sudu kecil kepingan cili

**ARAHAN:**
a) Canai pastri ke dalam dua petak 12 inci / 30cm setiap satu ⅛ inci / 3 mm tebal. Letakkan helaian pastri pada lembaran pembakar yang dialas kertas—ia boleh diletakkan di atas satu sama lain, dengan sehelai kertas di antara—dan biarkan di dalam peti sejuk selama 1 jam.

b) Letakkan setiap set bahan inti dalam mangkuk yang berasingan. Gaul dan ketepikan. Campurkan semua biji dalam mangkuk dan ketepikan.

c) Potong setiap helaian pastri kepada segi empat sama 4 inci / 10cm; anda sepatutnya mendapat jumlah petak 18. Bahagikan inti pertama sama rata di antara separuh petak, sendukkannya ke tengah setiap petak. Sapu dua tepi bersebelahan setiap segi empat sama dengan telur dan kemudian lipat segi empat sama untuk membentuk segi tiga. Tolak keluar mana-mana udara dan cubit bahagian tepi bersama-sama dengan kuat. Anda ingin menekan tepi dengan baik supaya ia tidak terbuka semasa memasak. Ulang dengan baki petak pastri dan pengisian kedua. Letakkan pada lembaran pembakar yang dialas kertas dan sejukkan di dalam peti sejuk selama sekurang-kurangnya 15 minit untuk mengeras. Panaskan ketuhar kepada 425°F / 220°C.

d) Sapu dua tepi pendek setiap pastri dengan telur dan celupkan tepi ini ke dalam campuran benih; sejumlah kecil benih, hanya ⅙ inci / 2 mm lebar, adalah semua yang diperlukan, kerana ia agak dominan. Sapu bahagian atas setiap pastri dengan beberapa telur juga, elakkan bijinya.

e) Pastikan pastri dijarakkan kira-kira 1¼ inci / 3 cm antara satu sama lain.

f) Bakar selama 15 hingga 17 minit, sehingga seluruhnya berwarna perang keemasan. Hidangkan hangat atau pada suhu bilik.

g) Jika beberapa inti tumpah daripada pastri semasa membakar, masukkan perlahan-lahan kembali apabila ia cukup sejuk untuk dikendalikan.

## 69. Rhubarb Chutney

**BAHAN-BAHAN:**
- 1 paun Rhubarb
- 2 sudu teh halia segar parut kasar
- 2 ulas bawang putih
- 1 biji cili jalapeno,(atau lebih)biji dan urat Ambil
- 1 sudu kecil Paprika
- 1 sudu besar biji sawi hitam
- ¼ cawan kismis
- 1 cawan gula perang ringan
- 1½ cawan cuka ringan

**ARAHAN:**
a) Basuh rhubarb dan belah menjadi kepingan ¼ inci tebal. Jika tangkainya lebar, potong dua atau tiga memanjang, terlebih dahulu.
b) Cincang halus halia parut bersama bawang putih dan cili.
c) Letakkan semua bahan dalam kuali yang tidak menghakis, biarkan mendidih, kemudian kecilkan api dan renehkan sehingga rhubarb hancur dan mempunyai tekstur jem, kira-kira 30 minit.
d) Simpan dalam peti sejuk dalam balang kaca.

## 70. Acar Lobak

**BAHAN-BAHAN:**
- 1 tandan lobak, dipotong dan dihiris nipis
- 1 cawan cuka putih
- ½ cawan air
- ¼ cawan gula
- 1 sudu besar garam
- 1 sudu kecil lada hitam keseluruhan
- 1 sudu kecil biji sawi
- 1 sudu teh biji dill

**ARAHAN:**
a) Dalam periuk, satukan cuka, air, gula, garam, lada hitam, biji sawi dan biji dill.
b) Biarkan adunan mendidih dan kacau sehingga gula dan garam larut.
c) Letakkan lobak yang dihiris dalam balang yang disterilkan.
d) Tuangkan cecair jeruk panas ke atas lobak, pastikan ia terendam sepenuhnya.
e) Biarkan lobak jeruk sejuk ke suhu bilik, kemudian tutup dan sejukkan selama sekurang-kurangnya 24 jam sebelum dihidangkan.

# 71. Kari Dal Microgreen Mustard

**BAHAN-BAHAN:**
- ½ cawan moong dal
- ¼ cawan labu
- 2 ½ cawan air
- secubit garam
- ½ cawan kelapa parut
- 6 biji bawang merah
- 1 ulas bawang putih
- 1 biji cili hijau
- daun kari
- ¼ sudu teh serbuk kunyit
- ¼ sudu teh biji jintan manis
- ½ cawan sawi mikrohijau
- 1 sudu besar minyak
- ¼ sudu teh biji sawi
- 2 biji cili merah

**ARAHAN:**
a) Satukan moong dal, labu, garam, dan air dalam periuk tekanan. Masak selama 1 wisel selepas sebati semuanya.
b) Sementara itu, satukan kelapa parut, bawang merah, bawang putih, cili hijau, biji jintan manis, 3 atau 4 helai daun kari, dan serbuk kunyit dalam pengisar.
c) Campurkan pes kisar dengan adunan dal yang telah dimasak.
d) Rebus campuran dal selama 2 hingga 3 minit. Kini tiba masanya untuk menambah mikrohijau.
e) Didihkan selama 1 minit, kemudian keluarkan dari api.
f) Masukkan biji sawi dan cili merah ke dalam kuali.
g) Masukkan bawang merah dan masak selama beberapa minit
h) Masukkan pembajaan ke dalam adunan dal.

# 72. Mustard Prosecco

**BAHAN-BAHAN:**
- ¼ cawan biji sawi kuning
- ¼ cawan biji sawi coklat
- ½ cawan Prosecco
- ¼ cawan cuka wain putih
- 1 sudu besar madu
- ½ sudu teh garam

**ARAHAN:**
a) Dalam mangkuk, satukan biji sawi kuning dan coklat.
b) Dalam mangkuk yang berasingan, campurkan Prosecco, cuka wain putih, madu, dan garam.
c) Tuangkan campuran Prosecco ke atas biji sawi dan kacau hingga sebati.
d) Biarkan campuran berada pada suhu bilik selama kira-kira 24 jam, kacau sekali-sekala.
e) Pindahkan adunan ke dalam pengisar atau pemproses makanan dan kisar sehingga konsistensi yang diingini dicapai.
f) Simpan mustard Prosecco dalam bekas kedap udara di dalam peti sejuk.
g) Gunakannya sebagai perasa untuk sandwic, burger, atau sebagai sos pencicah untuk pretzel dan makanan ringan.

## 73. Millet, Beras, Dan Delima

**BAHAN-BAHAN:**
- 2 cawan pohe nipis
- 1 cawan millet atau nasi
- 1 cawan buttermilk pekat
- ½ cawan kepingan delima
- 5 - 6 helai daun kari
- ½ sudu teh biji sawi
- ½ sudu teh biji jintan manis
- ⅛ sudu teh asafoetida
- 5 sudu teh minyak
- Gula secukup rasa
- Garam secukup rasa
- Kelapa segar atau kering - dicincang
- Daun ketumbar segar

**ARAHAN:**

a) Panaskan minyak kemudian masukkan biji sawi.

b) Masukkan biji jintan manis, asafoetida, dan daun kari apabila ia muncul.

c) Letakkan pohe dalam mangkuk.

d) Campurkan campuran rempah minyak, gula, dan garam.

e) Apabila pohe telah sejuk, gabungkan dengan yogurt, ketumbar dan kelapa.

f) Hidangkan dihiasi dengan ketumbar dan kelapa.

# 74. Cranberry-Fig Chutney

**BAHAN-BAHAN:**
- 4 cawan Cranberry, dicincang kasar
- 1 tombol satu inci akar halia, dikupas dan dicincang halus
- 1 oren pusat besar, dibelah empat dan dicincang halus
- 1 biji Bawang besar, dihiris halus
- ½ cawan kismis kering
- 5 buah tin kering, dihiris halus
- ½ cawan Walnut, dibakar dan dicincang kasar
- 2 sudu besar biji sawi
- 2 sudu besar cuka sider
- ¾ cawan wiski Bourbon atau Scotch (pilihan)
- 1½ cawan gula perang ringan
- 2 sudu teh kayu manis dikisar
- 1 sudu teh pala dikisar
- ½ sudu teh bunga cengkih dikisar
- ½ sudu teh Garam
- ⅛ sudu teh lada cayenne

**ARAHAN:**
a) Dalam periuk 4 liter, satukan cranberi yang dicincang kasar, halia yang dicincang halus, oren pusar yang dicincang halus, bawang besar dadu, kismis kering, buah tin kering yang dihiris, kacang kenari yang dibakar dan dicincang, biji sawi, halia yang dicincang, cuka sider dan wiski (jika menggunakan).
b) Dalam mangkuk kecil, campurkan gula perang, kayu manis, pala, cengkih, garam dan lada cayenne dengan teliti.
c) Masukkan bahan kering dari mangkuk kecil ke dalam periuk bersama bahan-bahan lain. Kacau untuk menggabungkan semuanya.
d) Panaskan adunan sehingga mendidih.
e) Kecilkan api dan biarkan chutney mendidih selama 25-30 minit, kacau selalu.
f) Setelah selesai, biarkan chutney sejuk, dan kemudian simpan dalam peti sejuk sehingga 2 minggu. Sebagai alternatif, ia boleh dibekukan sehingga 1 tahun.
g) Nikmati cranberry fig Chutney yang lazat!

# JINTAN MANIS

# 75. Kek Tres Leches Dengan Biji Adas

**BAHAN-BAHAN:**
**KEK SPAN:**
- 1 ½ cawan tepung serba guna
- 1 sudu besar serbuk penaik
- 1 sudu teh kayu manis
- ½ sudu teh biji adas, dibakar dan dikisar
- ½ sudu teh biji ketumbar, dibakar dan dikisar
- 6 biji putih telur
- 1 sudu teh garam
- 1½ cawan gula pasir
- 3 biji kuning telur
- 2½ sudu teh ekstrak vanila
- ½ cawan susu
- 6 sudu besar susu tepung

**TRES LECHES RENdam:**
- 1 cawan susu penuh
- 4 sudu besar susu tepung, dibakar (terpelihara daripada resipi kek span)
- 12 auns boleh susu sejat
- 14 auns boleh susu pekat

**BERI MACERATED:**
- ½ cawan air
- ½ cawan gula
- Pelepah adas dari 1 mentol, dibahagikan
- 18 auns beri pilihan anda, dibahagikan kepada separuh
- 1 sudu besar jus lemon

**KRIM PUTAR:**
- 1 cawan krim berat
- ½ cawan gula pasir
- 2 sudu besar buttermilk
- secubit garam

**ARAHAN:**

**KEK SPAN:**

a) Bakar rempah dalam ketuhar 325 darjah selama 8–10 minit, kemudian kisar dengan pengisar rempah, lesung dan alu, atau pengisar.

b) Panaskan ketuhar hingga 300 darjah.

c) Masukkan 6 sudu besar susu tepung ke dalam kuali tahan panas dan masukkan ke dalam ketuhar. Kacau dan putar setiap 5 minit sehingga serbuk menjadi warna pasir.

d) Tingkatkan haba kepada 350 darjah.

e) Lapik loyang kek 9 kali 13 inci dengan kertas parchment; griskan kertas minyak dengan baik dengan semburan atau minyak.

f) Ayak tepung, serbuk penaik, kayu manis, adas, dan ketumbar ke dalam mangkuk adunan besar dan pukul.

g) Masukkan putih telur dan garam ke dalam mangkuk pengadun berdiri dan gaul dengan alat pemukul pada kelajuan sederhana sehingga berbuih. Teruskan memukul sehingga kembang, dan putih memegang puncak lembut.

h) Taburkan gula pasir secara perlahan ke dalam pengadun yang sedang berjalan dan teruskan pukul sehingga putih membentuk puncak sederhana.

i) Semasa pengadun berjalan, masukkan kuning telur satu demi satu, dan kemudian vanila, gaul sehingga sebati.

j) Pukul 2 sudu besar susu tepung yang telah dibakar ke dalam susu. Ketepikan baki susu tepung untuk kegunaan kemudian.

k) Keluarkan meringue dari pengadun dan lipat separuh adunan kering dengan spatula getah.

l) Tuangkan separuh adunan susu dan teruskan lipat, putar mangkuk dan lipat mengikut arah jam dari tengah ke tepi.

m) Masukkan baki bahan kering dan terus lipat. Masukkan baki adunan susu dan lipat sehingga sebati, berhati-hati agar tidak terlalu sebati.

n) Masukkan adunan ke dalam kuali yang telah disediakan dan ratakan ke sudut menggunakan spatula.

o) Bakar selama 10–12 minit, putar setiap 5 minit untuk memastikan penaik sekata.

p) Keluarkan dari ketuhar apabila kek berwarna perang sekata, dan tepinya terkeluar sedikit dari kuali.
q) Biarkan sejuk pada suhu bilik.

**TRES LECHES RENdam:**
r) Dalam pengisar, masukkan susu, baki susu tepung yang telah dibakar, susu sejat dan susu pekat. Gaulkan untuk sebati.
s) Tuangkan ke atas kek dan sejukkan kek yang telah direndam sehingga sedia untuk dihidangkan.

**BERI MACERATED:**
t) Dalam periuk, masak air hingga mendidih, kemudian masukkan gula. Pukul hingga sebati.
u) Tambah segenggam pelepah adas hijau terang yang banyak, simpan beberapa untuk hiasan. Keluarkan dari haba, dan biarkan meresap sehingga sirap telah sejuk ke suhu bilik.
v) Tapis sirap.
w) Kira-kira 30 minit sebelum dihidangkan, hancurkan separuh buah beri dalam sirap dan jus lemon. Simpan baki beri untuk hiasan.

**KRIM PUTAR:**
x) Dalam pengadun berdiri dengan lampiran pukul, tambah krim berat, gula, susu mentega, dan garam, dan gaul pada kelajuan sederhana sehingga puncak sederhana terbentuk.
y) Sejukkan sehingga sedia untuk dihidangkan.

**PERHIMPUNAN:**
z) Potong kek Tres leches menjadi kepingan. Gulung setiap keping dengan krim disebat, kemudian hiaskan dengan beri segar, buah beri yang dikupas dan pelepah adas.

## 76. Bahu Kambing Panggang Perlahan

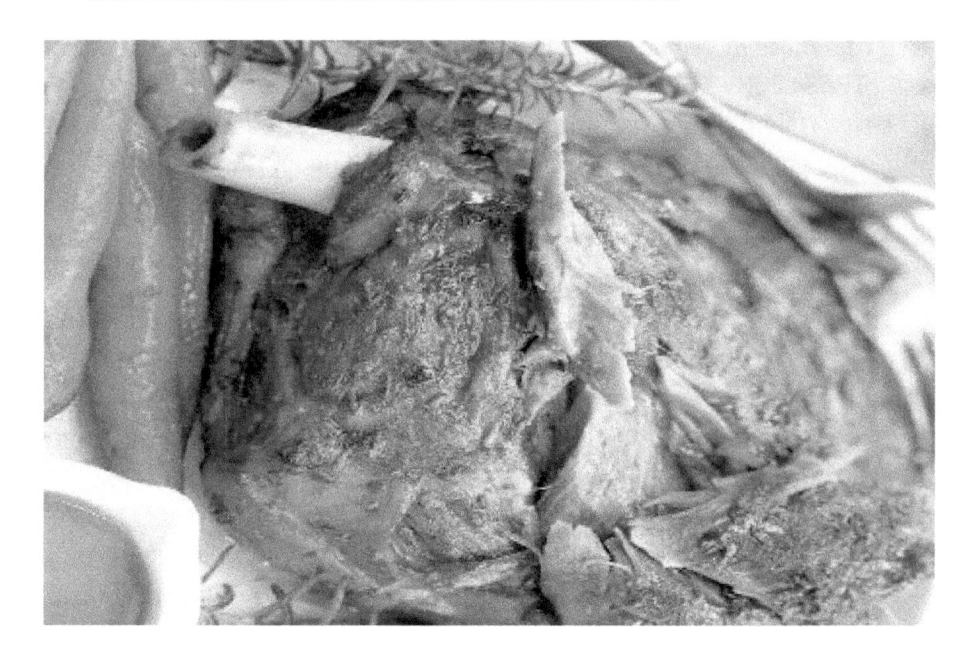

**BAHAN-BAHAN:**
- 2 sudu besar biji adas , dikisar
- 1 sudu besar lada hitam , dikisar
- 6 ulas bawang putih lemak, cincang kasar
- 1 sudu besar minyak zaitun
- 1 sudu teh serpihan garam
- 5 pon . bahu kambing, tulang masuk
- 2 biji bawang besar, dihiris
- 14 auns Lobak sederhana , digosok
- S alt dan lada hitam yang baru dikisar

**ARAHAN:**
a) Untuk menyediakan pes, gabungkan bawang putih, minyak zaitun, dan garam dalam pemproses makanan.
b) Letakkan kambing dalam tin panggang yang besar dan tusuk berpuluh-puluh hirisan kecil di atasnya dengan pisau tajam.
c) Sendukkan pes biji adas ke atas kambing dan gosokkannya sebanyak mungkin, gosokkannya ke dalam hirisan.
d) Sejukkan selama beberapa jam .
e) Letakkannya di dalam ketuhar kayu selama 2 jam untuk dibakar.
f) Taburkan bawang dan seluruh lobak merah di sekeliling kambing, putarkannya untuk merendam jus, dan kembalikan ke ketuhar selama sejam lagi, di mana semuanya harus menjadi sangat lembut.
g) Pindahkan kambing ke dalam dulang hidangan dan taburkan sayur-sayuran di sekelilingnya, sendukkan ke atas sebarang jus kuali.

# 77. Teh Chamomile Dan Adas

**BAHAN-BAHAN:**
- 1 sudu teh bunga chamomile
- 1 sudu teh biji adas
- 1 sudu teh meadowsweet
- 1 sudu teh akar marshmallow, dicincang halus
- 1 sudu teh yarrow

**ARAHAN:**
a) Masukkan herba ke dalam teko.
b) Didihkan air, dan masukkan ke dalam teko.
c) Biarkan selama 5 minit dan hidangkan.
d) Minum 1 cawan infusi 3 kali sehari.

# BIJI CARAWAY

# 78. Pai Periuk Babi Rumah Ladang

**BAHAN-BAHAN:**
- 2 Bawang besar, dicincang
- 2 lobak merah, dihiris
- 1 kepala kubis, dicincang
- 3 cawan daging babi, dimasak, dipotong dadu
- Garam secukup rasa
- 1 Pastri untuk pai 9 inci
- ¼ cawan Mentega atau marjerin
- 2 biji kentang, potong dadu
- 1 tin air rebusan ayam (14oz)
- 1 sudu besar pahit aromatik Angostura
- Lada putih secukup rasa
- 2 sudu kecil biji jintan

**ARAHAN:**
a) Tumis bawang dalam mentega hingga kekuningan.
b) Tambah lobak merah, kentang, kubis, sup, daging babi, dan pahit; tutup dan masak sehingga kubis empuk, kira-kira 30 minit.
c) Perasakan dengan garam dan lada putih secukup rasa.
d) Sediakan pastri, masukkan biji jintan.
e) Canai pastri di atas papan yang ditaburkan sedikit tepung dengan ketebalan ⅛ inci; potong enam bulatan 6 inci ke atas enam kuali pai 5 inci.
f) Bahagikan pengisian sama rata antara kuali pai; atas dengan kerak, membenarkan pastri tergantung ½ inci di atas sisi kuali.
g) Potong salib di tengah setiap pai; tarik balik mata pastri untuk membuka bahagian atas pai.
h) Bakar dalam 400'F yang telah dipanaskan terlebih dahulu. ketuhar 30 hingga 35 minit, atau sehingga kerak berwarna perang dan isinya berbuih.

## 79.Superhijau Kelapa & Sup Spirulina

**BAHAN-BAHAN:**
- 1 sudu teh biji adas
- 1 sudu kecil biji jintan
- 2" inci halia, dicincang
- 3 ulas bawang putih, cincang
- 1 biji bawang putih besar, cincang kasar
- 2 batang saderi, dicincang kasar
- 1 kepala brokoli
- 1 labu kuning/zucchini, dicincang
- 1 epal, dikupas dan dicincang
- 2 cawan bayam yang dibungkus
- 3 cawan stok sayur
- 1 sudu teh garam laut
- 1 sudu kecil lada
- 2 sudu teh spirulina
- 1 sudu besar jus limau nipis

**ARAHAN:**
a) Panaskan 1 sudu besar minyak zaitun dalam periuk besar di atas med-high dan masukkan jintan dan biji adas, dan panaskan sehingga ia mula muncul.
b) Masukkan bawang ke dalam kuali dan masak selama kira-kira 3 minit atau sehingga lut sinar.
c) Masukkan bawang putih dan halia dan teruskan goreng selama 30 saat, supaya wangi.
d) Masukkan saderi dan brokoli, kacau untuk menggabungkan segala-galanya, dan masak selama 1 minit sebelum menambah epal, kubis, garam, lada, dan stok sayur-sayuran.
e) Didihkan stok dan kemudian kecilkan sehingga mendidih. Reneh selama kira-kira 10 minit atau sehingga sayur-sayuran empuk.
f) Masukkan santan dan biarkan mendidih semula.
g) Masukkan bayam, kacau dan masak selama 1 minit, sehingga layu dan hijau terang.
h) Angkat dari api dan masukkan jus limau nipis dan spirulina.
i) Pindahkan ke dalam pengisar dan pukul di atas sehingga rata! Teratas dengan crouton, kacang ayam panggang atau kepingan kelapa

# 80. Jerman Bratwurst

**BAHAN-BAHAN:**
- 4 paun punggung babi yang dikisar halus
- 2 paun daging lembu kisar halus
- ½ sudu teh lada sulah
- 1 sudu kecil biji jintan
- 1 sudu teh marjoram kering
- 1½ sudu teh lada putih
- 3 sudu kecil garam
- 1 cawan air sejuk

**ARAHAN:**
a) Satukan semua bahan, gaul rata, dan masukkan lagi melalui bilah halus pengisar.
b) Masukkan ke dalam sarung babi.

# 81. Masin Caraway Dan Rye Crackers

**BAHAN-BAHAN:**
- 1 cawan tepung biasa
- 1 cawan tepung rai
- 1 sudu teh gula perang gelap
- ½ sudu teh serbuk penaik
- ½ sudu teh garam halus
- ¼ cawan mentega, c ube d
- ½ cawan susu
- 1 biji telur, dipukul
- 2 sudu besar biji jintan, secukup rasa
- S ea garam serpihan

**ARAHAN:**
a) Dalam mangkuk adunan, pukul bersama kedua-dua tepung, gula, serbuk penaik, dan garam.
b) Masukkan kiub mentega dan campurkan sehingga ia diserap sepenuhnya ke dalam tepung;
c) Masukkan susu dan kacau dengan satu sudu untuk menghasilkan doh yang licin. Balut dalam filem berpaut dan biarkan pada suhu bilik selama 30 minit.
d) Apabila anda sudah bersedia untuk membakar, tuangkan sedikit tepung pada permukaan kerja dan dulang pembakar.
e) Canai doh untuk dipadankan dengan bentuk dulang pembakar sedekat mungkin.
f) Cucuk keropok di seluruh dengan garpu, kemudian skor mereka dalam-dalam.
g) Dalam mangkuk, pecahkan telur dan pukul perlahan dengan satu sudu air. Sapu seluruh doh, kemudian tutup dengan biji jintan dan serpihan garam laut yang banyak.
h) Masukkan ke dalam ketuhar yang dibakar kayu dan bakar selama 20 minit pada suhu kira-kira 350°F.
i) Apabila keropok sudah sejuk, rentapkannya di sepanjang garisan skor dan hidangkan.

# BIJI NIGELLA/BIJI JINTAN HITAM

## 82.Tart Terung Dengan Keju Kambing

**BAHAN-BAHAN:**
- 2 paun terung (kira-kira 3 terung kecil; 900g)
- 4 sudu teh garam halal, dibahagikan
- Tepung serba guna, untuk habuk
- 2 helai puff pastry beku (1 kotak penuh), dicairkan
- 4 sudu besar minyak zaitun extra-virgin (2 auns; 60g)
- Lada hitam yang baru dikisar
- ½ cawan keju kambing segar (4 auns; 112g)
- 2 cawan Gouda yang dicincang (6 auns; 168g)
- 2 sudu teh biji nigella
- 4 sudu besar madu (2 auns; 60g), dibahagikan
- Herba segar, seperti kucai atau basil, untuk hiasan (pilihan)

**ARAHAN:**

a) Menggunakan pisau tukang masak atau mandolin yang tajam, potong terung menjadi kepingan setebal ¼ inci.

b) Toskan kepingan dengan 1 sudu besar (12g) garam halal dan ketepikan dalam colander yang diletakkan di atas mangkuk atau sinki. Biarkan mereka mengalir selama sekurang-kurangnya 30 minit.

c) Laraskan dua rak dalam ketuhar ke kedudukan tengah atas dan bawah. Panaskan ketuhar hingga 400°F (200°C).

d) Gariskan tiga dulang separuh helaian berbingkai dengan kertas parchment. Juga, potong sehelai kertas kulit tambahan dan ketepikan.

e) Pada permukaan yang ditaburi sedikit tepung, letakkan kepingan pastri puff yang telah dicairkan di atas satu sama lain.

f) Canai pastri sehingga ia cukup besar untuk memuatkan dulang separuh helai, lebih kurang 11 kali 15 inci. Gunakan tepung secukupnya untuk mengelakkan melekat.

g) Gulungkan pastri ke atas rolling pin untuk memindahkannya, kemudian buka gulungan ke atas loyang yang dialas kertas. Letakkan lembaran kertas tambahan di atas.

h) Pada masa ini, terung akan mengeluarkan cecair yang berlebihan. Bilas hirisan terung di bawah air sejuk untuk mengeluarkan garam yang tinggal dan keringkan dengan tuala dapur atau tuala kertas yang bersih. Susun hirisan terung pada dua baki pembakar yang berlapik.

Perasakan mereka dengan minyak zaitun extra-virgin, lada hitam, dan baki garam halal.

i) Letakkan satu daripada lembaran pembakar terung di atas pastri puff untuk menimbangnya semasa ia dibakar. Bakar ketiga-tiga dulang dalam ketuhar yang telah dipanaskan selama kira-kira 20 minit, putarkan kuali sekali selepas 10 minit. Pada masa ini, terung akan menjadi lembut, dan pastri akan menjadi pejal tetapi tidak akan menghasilkan sebarang warna.

**MASUKKAN TART:**

j) Selepas bakar pertama, keluarkan dulang dari ketuhar. Naikkan suhu ketuhar kepada 500°F (260°C). Gunakan spatula offset untuk meratakan keju kambing pada pastri puff. Taburkan biji Gouda dan nigella yang dicincang di atas keju kambing.

k) Susun hirisan terung separa masak untuk menutup tart. Siramkan 2 sudu besar (30g) madu secara merata ke atas terung.

l) Kembalikan tart ke dalam ketuhar dan bakar selama 15 minit tambahan atau sehingga pastri menjadi perang dan garing sepenuhnya.

m) Habiskan tart dengan menyiram baki madu ke atasnya. Secara pilihan, hiaskan dengan herba segar seperti daun bawang atau selasih. Potong tart mengikut saiz bahagian yang dikehendaki dan hidangkan segera.

n) Nikmati Tart Terung yang lazat dengan Keju Kambing dan Madu ini sebagai pembuka selera atau hidangan utama yang lazat.

# 83. Scones Ayam

**BAHAN-BAHAN:**

**UNTUK SKONE:**
- 225g tepung naik sendiri, ditambah tambahan untuk habuk
- 1 sudu kecil serbuk penaik
- 140g mentega sejuk, dicincang kecil
- 150ml susu
- 1 sudu besar biji nigella
- 1 biji telur, dipukul

**UNTUK PENGISIAN:**
- 3 ketul dada ayam masak, dicincang halus atau dicincang
- 100g chutney mangga
- 2 sudu kecil serbuk kari lembut
- 150g yogurt asli periuk
- 75g mayonis
- Tandan kecil ketumbar, dicincang
- Sekumpulan kecil pudina, dicincang
- Jus ½ lemon
- ½ timun, dikupas menjadi reben
- 1 biji bawang merah kecil, hiris nipis

**ARAHAN:**

**UNTUK SKONE:**
a) Alas dulang pembakar dengan kertas pembakar dan panaskan ketuhar kepada 220°C/200°C kipas/gas 7.
b) Dalam mangkuk besar, campurkan tepung naik sendiri, serbuk penaik, dan ¼ sudu teh garam. Masukkan mentega sejuk yang dicincang dan sapu ke dalam tepung dengan hujung jari sehingga adunan menyerupai serbuk roti halus.
c) Masukkan susu dan biji nigella, kemudian gunakan pisau kutleri untuk mengadun bahan sehingga menjadi doh yang lembut.
d) Letakkan doh pada permukaan kerja anda dan uli sebentar untuk memasukkan sebarang serbuk yang longgar. Tepung permukaan dengan baik dan canai doh setebal kira-kira 1½cm. Gunakan pemotong biskut 7cm untuk mengecop 12 bulatan. Anda mungkin perlu menggabungkan sisa dan gulung semula untuk membuat kesemua 12 scone.

e) Susun scone di atas dulang pembakar, sapu bahagian atasnya dengan sedikit telur yang dipukul, dan bakar selama 10-12 minit atau sehingga ia berwarna perang keemasan. Ketepikan supaya sejuk semasa anda menyediakan inti.

**UNTUK PENGISIAN:**

f) Dalam mangkuk, campurkan ayam cincang atau cincang, chutney mangga, serbuk kari lembut, yogurt asli, mayonis, herba cincang, jus lemon dan perasakan secukup rasa. Sejukkan campuran ini sehingga anda bersedia untuk memasang skon.

**UNTUK MEMASANG:**

g) Untuk menghidangkan, belah scone dan buat sandwic dengan ayam pertabalan, reben timun dan bawang merah yang dihiris nipis.

h) Jika dikehendaki, gunakan lidi untuk memegang scone bersama-sama.

## 84. Campuran Rempah Tikur Azmud (Campur Jintan Hitam)

**BAHAN-BAHAN:**
- 2 sudu besar jintan hitam (Tikur Azmud)
- 1 sudu besar biji ketumbar
- ½ sudu teh biji buah pelaga
- ½ sudu teh biji fenugreek
- ½ sudu teh biji sawi
- ½ sudu teh biji nigella (kalonji)
- ½ sudu teh kayu manis tanah
- ½ sudu teh bunga cengkih kisar
- ½ sudu teh lada sulah

**ARAHAN:**
a) Dalam kuali kering, bakar ringan biji jintan manis, biji ketumbar, biji buah pelaga, biji halba, biji sawi dan biji nigella sehingga wangi. Berhati-hati untuk tidak membakarnya.
b) Biarkan biji yang dibakar sejuk, dan kemudian kisar menjadi serbuk halus menggunakan pengisar rempah atau lesung dan alu.
c) Dalam mangkuk, satukan campuran rempah kisar dengan kayu manis, bunga cengkih dan lada sulah.
d) Simpan adunan rempah Tikur Azmud dalam bekas kedap udara di tempat yang sejuk dan gelap.

## 85. Kari Ayam Matcha Hijau Dengan Limau Nipis

**BAHAN-BAHAN:**
- 2 sudu besar Ketumbar, biji ditambah 1 tandan besar, dicincang
- 1 sudu besar Jintan manis, biji
- 1 ½ sudu teh, teh hijau
- 1 secubit, Pala yang baru diparut
- 6 ulas bawang putih, cincang
- 5 Bawang merah, dicincang
- 8 Cili lada, hijau, dibiji, dan dicincang
- 125 g Lengkuas, dicincang
- 2 batang serai, daun luar dibuang, batang dalam dicincang
- 4 helai daun limau purut, dihiris
- 2 sudu besar Pasta Udang
- 1 Lime, dijus
- 4 sudu besar minyak kacang tanah
- 2 dada ayam tanpa kulit, dihiris
- 400 ml stok ayam
- 400 ml santan
- 250 g Mangetout, dihiris kasar
- 4 Bok Choy kecil, dicincang kasar
- garam
- Lada Hitam, baru dikisar
- tangkai ketumbar
- 2 biji limau purut, potong serong
- 1 sudu besar, Lada hitam, ditumbuk

**ARAHAN:**
a) Cara membuat kari ayam matcha hijau pedas dengan limau nipis
b) Bakar biji ketumbar dan jintan manis dalam kuali kering yang ditetapkan di atas api sederhana sehingga naik bau.
c) Petua ke dalam pengisar rempah, masukkan serbuk matcha, dan blitz sehingga halus dan serbuk.
d) Masukkan ke dalam pengisar atau pemproses makanan.
e) Masukkan pala, bawang putih, bawang merah, ketumbar, cili, lengkuas, serai, limau purut, daun limau purut, pes udang dan air limau nipis.
f) Kisar atas tinggi sehingga licin dan seperti tampal.

g) Panaskan 2 sudu besar minyak dalam set kuali besar dengan api sederhana.
h) Perasakan ayam dengan garam dan lada sulah sebelum dimasukkan ke dalam kuali dan goreng hingga kekuningan, kira-kira 3-4 minit.
i) Pindahkan ke pinggan.
j) Masukkan baki minyak dan kemudian pes, goreng sehingga ia mula gelap sambil kerap, kira-kira 4-5 minit.
k) Pukul dalam stok dan santan dan biarkan mendidih.
l) Letakkan ayam dalam sos, tutup sebahagiannya dengan tudung, dan masak dengan api perlahan sehingga masak kira-kira 6-8 minit.
m) Masukkan manggis dan pak choi ke dalam kari dan masak selama 3-4 minit lagi sehingga lembut.
n) Perasakan kari dengan garam dan lada sulah secukup rasa.
o) Hidangkan kari ayam matcha hijau dari kuali dengan hiasan tangkai ketumbar, beberapa hirisan limau nipis, dan taburan biji lada hitam yang dihancurkan.

# BIJI BETIK

## 86. Salsa Biji Betik

**BAHAN-BAHAN:**
- 1 cawan betik masak potong dadu
- 2 sudu besar bawang merah kisar
- 1 lada jalapeno, dibiji dan dikisar
- 2 sudu besar cilantro segar yang dicincang
- Jus 1 biji limau purut
- Garam secukup rasa
- 1 sudu besar biji betik

**ARAHAN:**
a) Dalam mangkuk, satukan betik potong dadu, bawang merah cincang, lada jalapeno cincang, ketumbar cincang dan jus limau nipis.
b) Masukkan biji betik dan gaul rata.
c) Perasakan dengan garam secukup rasa.
d) Biarkan salsa duduk selama sekurang-kurangnya 15 minit untuk membolehkan rasa bercampur.
e) Hidangkan dengan kerepek tortilla, ikan bakar atau taco.

# 87. Smoothie Biji Betik

**BAHAN-BAHAN:**
- 1 pisang masak
- 1 cawan betik potong dadu
- 1/2 cawan ketul nanas
- 1/2 cawan daun bayam
- 1/2 cawan air kelapa atau santan badam
- 1 sudu besar biji betik
- Madu atau sirap maple (pilihan, untuk rasa manis)

**ARAHAN:**
a) Dalam pengisar, satukan pisang masak, betik potong dadu, ketulan nanas, daun bayam, air kelapa atau susu badam, dan biji betik.
b) Kisar sehingga licin dan berkrim.
c) Rasa dan tambah madu atau sirap maple jika mahu untuk rasa manis tambahan.
d) Tuangkan ke dalam gelas dan nikmati segera sebagai smoothie yang menyegarkan dan berkhasiat.

## 88. Berpakaian Biji Betik

**BAHAN-BAHAN:**
- ¼ cawan biji betik
- ¼ cawan minyak zaitun
- 2 sudu besar cuka wain putih
- 1 sudu besar madu
- 1 sudu teh mustard Dijon
- Garam dan lada sulah secukup rasa

**ARAHAN:**
a) Dalam pengisar atau pemproses makanan, satukan biji betik, minyak zaitun, cuka wain putih, madu, mustard Dijon, garam dan lada.
b) Kisar sehingga adunan licin dan biji betik sebati.
c) Rasa dan sesuaikan perasa jika perlu.
d) Pindahkan pembalut biji betik ke dalam botol atau balang dengan penutup yang ketat.
e) Goncang sebati sebelum digunakan.
f) Siramkan sos di atas salad atau gunakannya sebagai perapan untuk daging panggang atau sayur-sayuran.

# BIJI CAMPURAN

# 89. Thandai Tres Leches

**BAHAN-BAHAN:**

**UNTUK SERBUK THANDAI:**
- 2 sudu besar badam
- 1 sudu makan gajus
- ¼ sudu teh lada hitam
- ½ sudu besar biji adas
- ½ sudu besar biji popia
- ½ sudu besar biji tembikai
- 8-10 biji buah pelaga
- ½ sudu besar kelopak mawar kering
- 8-10 helai kunyit

**UNTUK SPAN:**
- 1 + ½ cawan tepung serba guna
- 1 sudu kecil serbuk penaik
- 1 cawan yogurt
- ½ sudu teh baking soda
- ¾ cawan gula halus
- ½ cawan minyak sayuran
- 1 sudu teh ekstrak vanila
- 2 sudu besar serbuk thandai

**UNTUK CAMPURAN SUSU:**
- 1½ cawan susu
- ½ cawan susu pekat
- ¾ cawan krim putar
- 7-8 helai kunyit
- 2 sudu besar sirap thandai

**UNTUK HIASAN:**
- Krim putar
- Helaian kunyit
- Daun emas
- Kelopak bunga ros kering

**ARAHAN:**
**BEDAK THANDAI:**
a) Dalam pemproses makanan, gabungkan badam, gajus, biji lada hitam, biji adas, biji popi, biji tembikai, buah pelaga, kelopak mawar kering dan helai kunyit. Blitz menjadi serbuk halus. Mengetepikan.
b) Panaskan ketuhar hingga 180°C. Alas kuali persegi 9 inci dengan kertas parchment di kedua-dua belah.

**SEDIAKAN SPAN:**
c) Dalam mangkuk, satukan yogurt dan taburkan baking soda di atasnya. Biarkan ia berbuih.
d) Masukkan gula kastor ke dalam mangkuk yang sama dan gaul rata.
e) Letakkan penapis di atas mangkuk dan masukkan tepung serba guna dan serbuk penaik. Gaul sebati.
f) Masukkan ekstrak vanila dan serbuk thandai ke dalam adunan. Gaul hingga sebati.
g) Tuangkan adunan ke dalam loyang yang telah disediakan dan bakar pada suhu 180°C selama 20-25 minit atau sehingga lidi yang dimasukkan keluar bersih.

**CAMPURAN SUSU:**
h) Dalam jag penyukat atau bikar, tuangkan susu suam.
i) Masukkan helai kunyit, krim putar, susu pekat, dan sirap thandai. Gaul sebati.

**RENdam KEK:**
j) Setelah kek dibakar, cucuk seluruhnya dengan garpu.
k) Tuangkan adunan susu ke dalam tiga ansuran, biarkan ia meresap dengan betul antara selang waktu. Condongkan kuali untuk memastikan penyerapan yang betul.
l) Simpan sedikit campuran susu untuk dihidangkan.
m) Sejukkan selama 8 jam atau semalaman.
n) Sebelum dihidangkan, paipkan krim putar pada permukaan.
o) Hiaskan dengan krim putar, kelopak mawar kering, helai kunyit, dan daun emas.
p) Potong kek menjadi empat segi dan letakkan di atas pinggan.
q) Tuangkan baki adunan susu ke atas kek semasa dihidangkan.
r) Nikmati!

## 90.Acar Lobak

**BAHAN-BAHAN:**
- 1 tandan lobak, dipotong dan dihiris nipis
- 1 cawan cuka putih
- ½ cawan air
- ¼ cawan gula
- 1 sudu besar garam
- 1 sudu kecil lada hitam keseluruhan
- 1 sudu kecil biji sawi
- 1 sudu teh biji dill

**ARAHAN:**
f) Dalam periuk, satukan cuka, air, gula, garam, lada hitam, biji sawi dan biji dill.
g) Biarkan adunan mendidih dan kacau sehingga gula dan garam larut.
h) Letakkan lobak yang dihiris dalam balang yang disterilkan.
i) Tuangkan cecair jeruk panas ke atas lobak, pastikan ia terendam sepenuhnya.
j) Biarkan lobak jeruk sejuk ke suhu bilik, kemudian tutup dan sejukkan selama sekurang-kurangnya 24 jam sebelum dihidangkan.

## 91. Kari Labu Dengan Biji Pedas

**BAHAN-BAHAN:**
- 3 cawan labu – dicincang 1–2 cm
- 2 sudu besar minyak
- ½ sudu besar biji sawi
- ½ sudu besar biji jintan manis
- Cubit asafetida
- 5-6 helai daun kari
- ¼ Sudu besar biji fenugreek
- ¼ Sudu besar biji adas
- ½ sudu besar halia parut
- 1 Sudu besar pes asam jawa
- 2 Sudu Besar - kelapa kering, dikisar
- 2 Sudu besar kacang tanah panggang
- Garam dan gula perang atau jaggery secukup rasa
- Daun ketumbar segar

**ARAHAN:**
a) Panaskan minyak dan masukkan biji sawi. Apabila mereka pop masukkan jintan manis, halba, asafetida, halia, daun kari dan adas. Masak selama 30 saat.

b) Masukkan labu dan garam. Masukkan pes asam jawa atau air dengan pulpa di dalamnya. Masukkan gula pasir atau gula merah. Masukkan kelapa kisar dan serbuk kacang. Masak selama beberapa minit lagi. Masukkan ketumbar yang baru dicincang.

## 92.Salad Kubis Dan Delima

**BAHAN-BAHAN:**
- 1 cawan kobis - parut
- ½ buah delima, dibuang biji
- ¼ Sudu besar biji sawi
- ¼ Sudu besar biji jintan manis
- 4-5 helai daun kari
- Cubit asafoetida
- 1 sudu besar minyak
- Garam dan gula secukup rasa
- Jus lemon secukup rasa
- Daun ketumbar segar

**ARAHAN:**
a) Satukan delima dan kubis.
b) Panaskan biji sawi dalam kuali bersama minyak.
c) Masukkan biji jintan manis, daun kari, dan asafoetida ke dalam kuali.
d) Satukan campuran rempah dengan kubis.
e) Masukkan gula, garam, dan jus lemon, dan kacau hingga sebati. Hidangkan dihiasi dengan ketumbar.

## 93.Salad Lobak Merah Dan Delima

**BAHAN-BAHAN:**
- 2 lobak merah – parut
- ½ buah delima, dibuang biji
- ¼ Sudu besar biji sawi
- ¼ Sudu besar biji jintan manis
- 4-5 helai daun kari
- Cubit asafoetida
- 1 sudu besar minyak
- Garam dan gula secukup rasa
- Jus lemon - secukup rasa
- Daun ketumbar segar

**ARAHAN:**
a) Satukan delima dan lobak merah.
b) Panaskan biji sawi dalam kuali bersama minyak.
c) Masukkan biji jintan manis, daun kari, dan asafoetida.
d) Satukan campuran rempah dengan lobak merah.
e) Masukkan gula, garam, dan jus lemon.
f) Hidangkan dihiasi dengan ketumbar.

## 94. Rempah Teh Masala

**BAHAN-BAHAN:**
- 1 batang kayu manis
- 5-6 ulas keseluruhan
- 5-6 biji buah pelaga keseluruhan
- Sekeping 1 inci halia segar, parut
- 1 sudu kecil lada hitam
- 1 sudu teh biji adas
- 1 sudu kecil biji ketumbar
- 1 sudu kecil biji jintan manis

**ARAHAN:**
a) Dalam kuali, panggang kering batang kayu manis, bunga cengkih, buah pelaga, lada hitam, biji adas, biji ketumbar, dan biji jintan dengan api perlahan sehingga wangi.
b) Angkat dari api dan biarkan rempah sejuk.
c) Kisar rempah yang telah dibakar dalam pengisar rempah atau lesung dan alu sehingga lumat.
d) Simpan Masala Teh Kenya dalam bekas kedap udara.
e) Untuk menggunakan, tambahkan secubit atau dua masala teh ke dalam teh anda semasa membancuh untuk rasa yang harum dan berempah.

# 95.Cili Chickpea Berempah

**BAHAN-BAHAN:**
- 3 cawan kacang ayam masak
- 1 sudu besar minyak zaitun
- 2 sudu kecil biji jintan manis
- 2 sudu kecil biji nigella
- 2 sudu kecil cili flakes, secukup rasa
- S ea garam serpihan

**ARAHAN:**
a) Dalam dulang pembakar kecil, tuangkan kacang ayam yang telah dikeringkan dan dibasuh dalam satu lapisan.
b) Tuangkan minyak dan taburkan jintan manis, nigella, dan kepingan cili di atasnya. Masukkan secubit serpihan garam laut yang banyak untuk digabungkan.
c) Letakkan kuali dalam ketuhar kayu panas dan panggang kacang ayam selama kira-kira 30 minit, goncangkan loyang untuk mencampurkannya dari semasa ke semasa untuk memastikan masak yang sama.
d) Mereka harus segar dan warna coklat keemasan yang kaya. Biarkan ia sejuk sedikit sebelum dipindahkan ke mangkuk hidangan.

## 96.Kranberi Dan Kacang

**BAHAN-BAHAN:**
- 1 cawan tepung serba guna
- 2 sudu besar gula merah
- ¾ cawan cranberi yang dipotong dadu
- ½ cawan pecan
- ½ cawan biji labu
- 2 sudu teh biji chia
- 2 sudu teh bijan
- 1 sudu teh rosemary segar yang dicincang halus
- ½ sudu teh kulit oren
- 1 sudu teh baking soda
- ½ sudu teh garam
- 1 cawan susu
- Garam kasar (untuk topping)

**ARAHAN:**

a) Panaskan ketuhar anda hingga 350°F (180°C).
b) Dalam mangkuk besar, satukan semua bahan kecuali susu. Setelah semuanya sebati, masukkan susu untuk membuat adunan.
c) Griskan kuali roti mini dengan semburan masak dan isikannya dengan adunan, isikan setiap kuali hingga kira-kira dua pertiga penuh.
d) Bakar selama 25-40 minit atau sehingga keropok menjadi pejal. Masa membakar yang tepat mungkin berbeza-beza bergantung pada saiz kuali roti anda. Loyang roti mini saya mengambil masa kira-kira 30 minit untuk dibakar.
e) Biarkan roti yang dibakar sejuk selama 10-15 minit, kemudian pindahkannya ke peti sejuk selama 30-60 minit. Sebagai alternatif, anda boleh membiarkannya sejuk pada suhu bilik, walaupun ini mungkin mengambil masa beberapa jam.
f) Setelah roti disejukkan sepenuhnya, panaskan ketuhar anda kepada 325°F (160°C), dan keluarkan roti bakar dengan berhati-hati dari kuali roti.
g) Dengan menggunakan pisau bergerigi tajam, potong setiap roti menjadi kepingan nipis, kira-kira ⅛ tebal.
h) Letakkan keropok yang dihiris pada rak pembakar dawai yang ditetapkan pada kuali lembaran bergaris, dan taburkan atau kisar garam kasar di atasnya.
i) Bakar selama 25-30 minit.
j) Benarkan keropok sejuk; mereka akan terus garing apabila ia sejuk.

# 97. Godiva Dan Kulit Coklat Badam

**BAHAN-BAHAN:**
- 8 auns coklat gelap Godiva, dicincang halus
- ½ cawan badam panggang, dicincang kasar
- ¼ cawan biji campuran (cth, biji labu, biji bunga matahari, biji chia)
- Secubit garam laut (pilihan, untuk hiasan)

**ARAHAN:**
a) Alaskan loyang dengan kertas minyak atau alas pembakar silikon. Pastikan ia muat di dalam peti sejuk atau peti sejuk anda.
b) Letakkan coklat gelap Godiva yang dicincang halus (atau cip coklat gelap) dalam mangkuk yang selamat dari gelombang mikro. Ketuhar gelombang mikro dalam selang 20-30 saat, kacau setiap kali, sehingga coklat benar-benar cair dan licin. Sebagai alternatif, anda boleh mencairkan coklat menggunakan dandang berganda di atas dapur.
c) Tuangkan coklat gelap yang telah dicairkan ke atas loyang yang telah disediakan. Gunakan spatula atau belakang sudu untuk meratakannya ke dalam bentuk segi empat tepat atau segi empat sama, kira-kira ¼ hingga ½ inci tebal.
d) Taburkan badam panggang yang dicincang dan biji campur rata ke atas coklat cair semasa ia masih lembut. Tekan perlahan-lahan ke dalam coklat supaya ia melekat.
e) Jika dikehendaki, taburkan secubit garam laut yang mengelupas di atas kulit coklat. Ini menambah kontras yang menarik kepada kemanisan coklat.
f) Letakkan loyang di dalam peti sejuk atau peti sejuk untuk membenarkan kulit coklat mengeras. Ia akan mengambil masa kira-kira 30 minit hingga 1 jam di dalam peti sejuk atau kira-kira 15-30 minit di dalam peti sejuk.
g) Setelah kulit coklat betul-betul ditetapkan dan padat, keluarkannya dari peti sejuk atau peti sejuk.
h) Gunakan tangan atau pisau anda untuk memecahkannya menjadi kepingan atau serpihan yang tidak teratur.

## 98.Mangkuk Goji Skuasy

**BAHAN-BAHAN:**
- 2 labu acorn sederhana
- 4 sudu teh minyak kelapa
- 1 sudu besar sirap maple atau gula perang
- 1 sudu teh garam masala
- garam laut halus
- 2 cawan yogurt Yunani biasa
- Granola
- beri goji
- Aril buah delima
- pecan cincang
- Biji labu bakar
- Mentega kacang
- Biji rami

**ARAHAN:**
a) Panaskan ketuhar hingga 375°F.
b) Potong labu separuh dari batang ke bawah. Angkat dan buang bijinya. Sapu daging setiap separuh dengan minyak dan sirap maple, dan kemudian taburkan dengan garam masala dan secubit garam laut. Letakkan skuasy pada lembaran pembakar berbingkai yang dipotong ke bawah. Bakar sehingga lembut, 35 hingga 40 minit.
c) Balikkan labu dan sejukkan sedikit.
d) Untuk menghidangkan, isi setiap skuasy separuh dengan yogurt dan granola. Teratas dengan beri goji, aril delima, pecan, dan biji labu, gerimis dengan mentega kacang dan taburkan dengan biji rami.

## 99. Mangkuk Yogurt Superfood

**BAHAN-BAHAN:**
- 1 cawan Greek Yogurt
- 1 sudu teh Serbuk Kakao
- ½ sudu teh vanila
- Biji buah delima
- Biji rami
- Biji chia
- beri goji
- beri biru

**ARAHAN:**
a) Satukan semua bahan dalam mangkuk.

## 100. Mangkuk Betik Kiwi

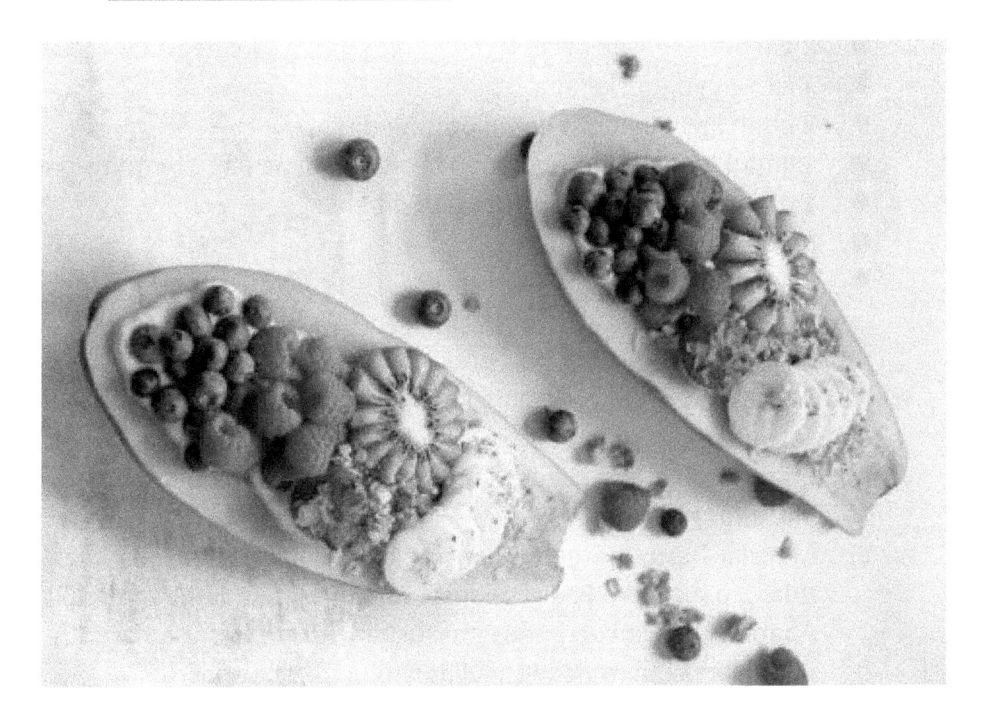

**BAHAN-BAHAN:**
- 4 sudu besar amaranth, dibahagikan
- 2 biji betik masak kecil
- 2 cawan yogurt kelapa
- 2 buah kiwi, dikupas dan dipotong dadu
- 1 limau gedang merah jambu besar, dikupas dan dipotong-potong
- 1 oren pusat besar, dikupas dan dibelah
- Biji rami
- Bijan hitam

**ARAHAN:**
a) Panaskan periuk yang tinggi dan lebar di atas api sederhana tinggi selama beberapa minit.
b) Periksa sama ada kuali cukup panas dengan menambah beberapa biji amaranth.
c) Mereka harus bergetar dan meletus dalam beberapa saat. Jika tidak, panaskan kuali selama seminit lebih lama dan uji lagi. Apabila kuali cukup panas, masukkan 1 sudu besar amaranth.
d) Biji-bijian akan mula muncul dalam beberapa saat.
e) Tutup periuk dan goncang sekali-sekala, sehingga semua bijirin muncul. Tuangkan amaranth yang timbul ke dalam mangkuk, dan ulangi dengan baki bayam, 1 sudu pada satu masa.
f) Potong betik separuh memanjang, dari batang ke ekor, kemudian keluarkan dan buang bijinya. Isikan setiap separuh dengan amaranth dan yogurt kelapa.
g) Teratas dengan bahagian kiwi, limau gedang dan oren, dan taburkan dengan biji rami dan biji bijan.

# KESIMPULAN

Sambil mengucapkan selamat tinggal kepada "Buku Masakan Benih Terbaik," kami melakukannya dengan hati yang penuh kesyukuran atas rasa yang dinikmati, kenangan yang dicipta dan pengembaraan masakan yang dikongsi sepanjang perjalanan. Melalui 100 resipi yang meraikan kepelbagaian dan kepelbagaian benih, kami telah meneroka potensi luar biasa bahan-bahan kecil namun hebat ini, menemui perisa, tekstur dan teknik baharu sepanjang perjalanan.

Tetapi perjalanan kami tidak berakhir di sini. Sambil kita kembali ke dapur kita, berbekalkan inspirasi dan penghargaan yang baru ditemui untuk benih, marilah kita terus mencuba, berinovasi dan mencipta. Sama ada kita memasak untuk diri sendiri, orang tersayang atau tetamu, semoga resipi dalam buku masakan ini menjadi sumber kegembiraan dan kepuasan untuk tahun-tahun mendatang.

Dan sambil kita menikmati setiap gigitan lazat kebaikan yang diselitkan dengan biji, marilah kita mengingati keseronokan sederhana makanan yang enak, pergaulan yang baik, dan kegembiraan memasak. Terima kasih kerana menyertai kami dalam perjalanan penuh rasa ini melalui dunia benih. Semoga dapur anda sentiasa dipenuhi dengan kebaikan benih yang sihat, dan semoga setiap hidangan yang anda cipta menjadi perayaan kesihatan, rasa dan kreativiti.